Klaus A. Schneewind
Beate Böhmert

Jugendliche kompetent erziehen

Der interaktive Elterncoach «Freiheit in Grenzen»

inklusive DVD

Verlag Hans Huber

Adressen der Autoren:

Prof. Dr. Klaus A. Schneewind
Ludwig-Maximilians-Universität München
Department Psychologie
Leopoldstrasse 13
DE-80802 München
E-Mail: Schnee@psy.uni-muenchen.de

Dipl.-Psych. Beate Böhmert
Ludwig-Maximilians-Universität München
Department Psychologie
Leopoldstrasse 13
DE-80802 München
E-Mail: Boehmert@psy.uni-muenchen.de

Lektorat: Monika Eginger
Herstellung: Daniel Berger
Umschlag: Claude Borer, Basel
Satz: Claudia Wild, Stuttgart
Druck und buchbinderische Verarbeitung: AZ Druck und Datentechnik GmbH, Kempten
Printed in Germany

Bibliografische Information der Deutschen Bibliothek
Die Deutsche Bibliothek verzeichnet diese Publikation in der Deutschen Nationalbibliografie; detaillierte bibliografische Daten sind im Internet über http://dnb.d-nb.de abrufbar.

Anregungen und Zuschriften bitte an:
Verlag Hans Huber
Hogrefe AG
Länggass-Strasse 76
CH-3000 Bern 9
Tel: 0041 (0)31 300 45 00
Fax: 0041 (0)31 300 45 93

1. Auflage 2009
© 2009 by Verlag Hans Huber, Hogrefe AG, Bern
ISBN 978-3-456-84586-9

Inhaltsverzeichnis

Vorwort

Einige Sachbuch-Bestseller machen uns glauben, dass wir in unseren Landen unter einem «Erziehungsnotstand» oder gar einer «Erziehungskatastrophe» leiden. Auch wenn es stimmt, dass psychische Probleme von Kindern und Jugendlichen zugenommen haben, sollten wir mit Katastrophenphantasien vorsichtig sein. Immerhin gilt nach wie vor für den überwiegenden Teil unserer Kinder und Jugendlichen, dass sie glücklich sind und in einem positiven Familienumfeld aufwachsen. Trotzdem ist der Bedarf nach Unterstützung der Eltern unübersehbar. Viele Eltern sind verunsichert, weil sie nicht wissen, wie sie «richtig» erziehen sollen – und das schon gleich gar nicht bei Teenagern, für die sich manche Eltern die Frage stellen, ob man sie überhaupt noch erziehen kann. Die Nachfrage nach Erziehungsratgebern – auch für Eltern von Jugendlichen – ist ein deutlicher Beleg dafür.

Was «richtige» oder «gute» Erziehung ist, müssen Eltern allerdings letztlich für sich selbst entscheiden. Insofern versteht sich dieses Buch mit seinem interaktiven DVD-Elterncoach als ein Angebot, die eigene Erziehungsstrategie zu klären und mit seiner Hilfe Anregungen für konkretes Erziehungshandeln zu geben. Hierzu werden bei einer «ganz normalen» Familie mit zwei Jugendlichen fünf typische Erziehungssituationen in kurzen Filmszenen dargestellt. Für jedes dieser fünf Erziehungsprobleme werden – wiederum in kurzen Filmszenen – drei Lösungsmöglichkeiten angeboten und anschließend kommentiert. Auf diese Weise können Eltern, die sich dem DVD-Elterncoach anvertrauen, selbst entscheiden, welche Lösungsvariante für sie die günstigste ist. Darüber hinaus stellen wir in diesem Buch einige grundsätzliche Überlegungen zum Thema «Erziehung» an und statten den interaktiven DVD-Elterncoach mit einer Reihe von Selbsttests und Reflexionsübungen aus, die zu einer vertieften Beschäftigung mit dem eigenen Erziehungsalltag anregen sollen. So können Eltern von Teenagern sich am häuslichen Fernseher oder Computer auf animierende Weise mit einer Reihe von Erziehungsproblemen beschäftigen, die für diese Altersgruppe charakteristisch sind, ohne einen Elternkurs buchen zu müssen. Trotzdem unterbreiten wir aber auch einen Vorschlag, wie sich der DVD-Elterncoach im Rahmen von professionell durchgeführten Elterntrainings einsetzen lässt.

Dass der interaktive DVD-Elterncoach überhaupt das Licht der Welt erblicken konnte, verdanken wir vor allem der finanziellen Unterstützung zur Produktion der DVD durch das Bayerische Staatsministerium für Arbeit und Sozialordnung, Familie und Frauen. Im Impressum der DVD sind alle Personen und Institutionen aufgeführt, die an der Produktion mitgewirkt haben. Ohne an dieser Stelle im Einzelnen auf sie eingehen zu können, danken wir allen Beteiligten dafür, dass sie mit ihrem besonderen Engagement zum Gelingen des Projekts beigetragen haben. Nicht zuletzt gilt unser Dank auch dem Huber-Verlag, der sich darauf eingelassen hat, neben den beiden bereits erschienenen DVD-Elterncoachs für Eltern von Vorschul- und Grundschulkindern nun auch den DVD-Elterncoach für Jugendliche in sein Programm aufzunehmen.

München, im Dezember 2008   Klaus A. Schneewind
                                                             Beate Böhmert

1 Ein paar Worte über die Erziehung von Jugendlichen – oder: Kann man Jugendliche überhaupt noch erziehen?

«Erziehung» und «Jugendliche», geht das überhaupt zusammen? Oder anders gefragt: kann man Jugendliche überhaupt noch erziehen? Solche Fragen sind von Eltern nicht selten zu hören angesichts des selbstbewussten und «coolen» Auftretens ihrer halbwüchsigen Töchter und Söhne. Anders als noch in ihrer Kindheitsphase reagieren die nunmehr zu Jugendlichen herangewachsenen Kinder häufig äußerst allergisch auf elterliche Fragen, Bitten und Anordnungen. Oder sie reagieren überhaupt nicht und tun unbeirrt das, was ihnen beliebt (Stichwort: Puberterror, vgl. Baier, 2003). Die Konsequenz ist oft Hilflosigkeit auf Seiten der Eltern, die entweder in resigniertes Gewährenlassen oder autoritäre Machtausübung mündet – und manchmal auch in ein Wechselspiel von beidem. Mit anderen Worten: es kommt entweder zu einem Zuwenig oder zu einem Zuviel an Erziehung. Dabei liegt unausgesprochen ein besonderes Verständnis von Erziehung zugrunde, wonach es den Eltern darum geht, die *eigenen* Vorstellungen durchzusetzen, wie sich ihre Kinder am Besten verhalten und entwickeln sollen.

Doch ist dies ein realistisches Konzept von Erziehung? Müssen Eltern nicht grundsätzlich davon ausgehen, dass ihre Kinder – ebenso wie übrigens auch sie selbst – eigenwillige und eigenständige Wesen sind? Genauso wie man niemanden dazu zwingen kann, einen anderen Menschen zu lieben, können Eltern auf lange Frist ihre Kinder nicht dazu zwingen, sich auf eine bestimmte Weise zu verhalten oder zu entwickeln – auch wenn die meisten Eltern für ihre Kinder «immer nur das Beste» wollen. Andererseits ist es unabweisbar, dass Kinder nicht nur eigenwillige und eigenständige sondern auch erfahrungsoffene und lernfähige Wesen sind, was zumindest die Möglichkeit nicht ausschließt, dass Eltern auf ihre Kinder Einfluss nehmen können.

Die zentrale Frage, die sich hierbei stellt, ist die *Frage nach dem Wie*, d. h. die Frage, unter welchen Bedingungen Kinder – auch und besonders wenn sie im jugendlichen Alter sind – am ehesten bereit sind, die elterlichen *Versuche* der Einflussnahme auf ihre Verhaltensstandards anzunehmen und zu ihren eigenen zu machen. Vorgelagert ist die noch wichtigere *Frage nach dem Wozu*, d. h. die Frage, was die Eltern darunter verstehen, wenn sie für ihre Kinder «immer nur das Beste» wollen. Oder anders ausgedrückt: welche Ziele sind den Eltern wichtig, wenn sie auf das Verhalten und die Entwicklung ihrer Kinder Einfluss zu nehmen versuchen?

Die *Frage nach dem Wozu* hat für unseren westlichen Kulturkreis etwas mit zentralen *Wertvorstellungen* eines freiheitlich-demokratischen Verständnisses von menschlichem Leben und Zusammenleben zu tun. Diesen Wertvorstellungen lassen sich drei *Entwicklungsperspektiven* zuordnen. Es sind dies

- die *individuelle Perspektive*, d. h. die Entfaltung der Begabungen, Interessen und Fähigkeiten zu einer selbstverantwortlichen Lebensführung jedes Einzelnen;
- die *soziale Perspektive*, d. h. die Entwicklung sozialer Fähigkeiten, die dazu beitragen, zufrieden stellende zwischenmenschliche Beziehungen herzustellen, die Bedürfnisse anderer anzuerkennen, Verpflichtungen im Dienste der Gemeinschaft zu übernehmen, mit anderen zu kooperieren und Konflikte auf konstruktive Weise auszutragen;
- die *moralische Perspektive*, d. h. die Entwicklung von Wertmaßstäben, um beurteilen zu können, was richtig und falsch, zulässig und unzulässig, fair und unfair oder gerecht und ungerecht ist.

Diese Entwicklungsperspektiven sind im Übrigen gut vereinbar mit dem im deutschen Kinder- und Jugendhilfegesetz verankerten Recht jedes jungen Menschen «auf Förderung seiner Entwicklung und Erziehung zu einer eigenverantwortlichen und gemeinschaftsfähigen Persönlichkeit». Zugleich können diese Entwicklungsperspektiven auch *Leitziele für Eltern* sein. Dabei besteht allerdings ein besonderes Problem darin, dass diese eher allgemein formulierten Prinzipien gewissermaßen heruntergebrochen werden müssen auf die Herausforderungen, die sich für Eltern in der alltäglichen Erziehungspraxis ergeben. Konkret heißt dies, bezogen auf Jugendliche, etwa: Sollen die Eltern eingreifen oder tatenlos zusehen, wenn ihre Kinder mit Inbrunst ihrem Interesse nachgehen und sich stundenlang am PC mit Gewalt-Computerspielen beschäftigen? Sollen Eltern aktiv werden oder darauf vertrauen, dass die Dinge sich schon wieder einrenken, wenn Jugendliche ihre Konflikte handgreiflich austragen? Oder – um ein letztes Beispiel zu nennen: Sollen Eltern nachfragen oder besser weghören, wenn ihre halbwüchsigen Söhne und Töchter andere als «Kanaken» oder «Assis» bezeichnen?

Entscheidungen dieser Art kann niemand den Eltern abnehmen. Allenfalls kann ihnen zweierlei bewusst gemacht werden: zum einen, dass ihre Entscheidungsalternativen etwas mit den genannten Leitzielen zu tun haben; und zum anderen, dass eine angemessene Umsetzung dieser Leitziele am ehesten dazu beiträgt, dass ihre Kinder sich zu lebensbejahenden, selbständigen, selbstbewussten, leistungsbereiten und gemeinschaftsfähigen Personen entwickeln. Doch worin besteht eine angemessene Umsetzung der genannten Leitziele? An dieser Stelle kommt die andere zentrale Frage – die *Frage nach dem Wie* – in Spiel. Wie sollen Eltern sich verhalten, um auf ihre Kinder und Jugendlichen im Sinne der genannten *Erfolgskriterien ihrer Persönlichkeitsentwicklung* Einfluss zu nehmen?

Eine Antwort auf diese Frage ermöglicht die Anwendung des Erziehungsprinzips «Freiheit in Grenzen». Eltern, die sich an diesem Erziehungsprinzip orientieren, verhalten sich im Sinne einer «entwicklungsförderlichen» oder in einer schlichteren Ausdrucksweise «guten» Erziehung.

Das Erziehungsprinzip «Freiheit in Grenzen» hat nicht nur für Eltern jüngerer Kinder Geltung sondern auch für Eltern von Jugendlichen. Allerdings stehen dabei andere Themen und Akzentsetzungen im Vordergrund, weil in der Jugendphase entscheidende Entwicklungsveränderungen stattfinden, auf die Eltern sich einstellen müssen:

- Jugendliche machen im Zuge der Geschlechtsreifung körperliche und psychische Veränderungen durch (Stichwort: Pubertät, vgl. Geo Wissen, 2008), die u. a. mit neuen sozialen Beziehungen eng verbunden sind;
- die Kontakte zu gleichaltrigen Freunden und Freundinnen nehmen zu, ebenso wie die besonderen Vorlieben, die für die jeweils vorherrschende Jugendkultur typisch sind;
- die kognitiven Fähigkeiten gewinnen an Reife, und damit entwickelt sich eine kritischere und ausgefeiltere Art des Argumentierens.

Insgesamt erweitert sich das Erfahrungs- und Handlungsfeld von Jugendlichen, wobei die Gruppe der Gleichaltrigen mehr und mehr an Bedeutung gewinnt, was jedoch nicht unbedingt mit einem Bedeutungsverlust der Eltern einhergehen muss. Die Einflussmöglichkeiten von Eltern auf die weitere Entwicklung ihrer Jugendlichen verlieren umso weniger an Gewicht, je stärker sie auch schon in früheren Jahren ihre Erziehung an dem Prinzip «Freiheit in Grenzen» ausgerichtet haben und aktuell dem Aspekt «Beziehung» besondere Beachtung schenken (vgl. Raser, 1999). Dies ist insofern von Bedeutung, als die Eltern – abgesehen von ihrer gesetzlich festgelegten Erziehungsverantwortung – auch für Jugendliche nach wie vor eine wichtige Orientierungs- und Erziehungsfunktion haben. Insofern sind und bleiben aus der Sicht der Eltern Jugendliche immer noch ihre Kinder, weswegen wir in diesem Buch, dessen Adressaten ja vornehmlich Eltern sind, auch dann von «Kindern» sprechen, wenn Jugendliche oder Teenager gemeint sind. Allerdings gleicht die Erziehungsaufgabe, mit der Eltern von Jugendlichen konfrontiert sind, in vielerlei Hinsicht vermehrt dem Auftrag, den Führungskräfte in einem Unternehmen zu erfüllen haben, wenn es darum geht, Mitarbeiter zu motivieren und ihre Fähigkeiten zur Geltung zu bringen (vgl. Ros, 2005). Wenn die Eltern für ihre Jugendlichen fähige und effektive «Führungskräfte» sein wollen, heißt dies im Einzelnen:

- sie verfolgen ihren Erziehungsauftrag auf der Basis einer respektvollen und von Wertschätzung getragenen Beziehung zu ihren Jugendlichen;
- sie treffen gemeinsam mit den Jugendlichen bestimmte Zielvereinbarungen, die sich an den oben erwähnten individuellen, sozialen und moralischen Leitzielen orientieren;
- sie räumen den Jugendlichen genügend Spielraum ein, um eigene Ziele zu verfolgen, sofern diese mit den Leitzielen im Einklang stehen;

- sie überprüfen, ob die Jugendlichen die vereinbarten Ziele erreichen und unterstützen sie, wenn es Probleme gibt – selbst dann, wenn die Probleme von den Jugendlichen selbst verursacht wurden;
- sie bleiben stets ansprechbar oder suchen von sich aus das Gespräch, wenn es um wichtige Themen geht, die eine positive Entwicklung ihrer Jugendlichen entweder fördern – oder eventuell gefährden.

Diese allgemeinen Überlegungen zum Thema Erziehung machen deutlich, dass die eingangs gestellte Frage, ob Jugendliche überhaupt noch erzogen werden können, durchaus zu bejahen ist. Allerdings müssen sich diese Überlegungen in der Praxis bewähren. Wie dies geschehen kann, soll mit diesem DVD Elterncoach anhand beispielhafter Problemsituationen veranschaulicht werden.

2 Erziehung – ein schwieriges Geschäft!?

Nachdenken über Erziehung und Bildung hat derzeit Konjunktur – wieder einmal. Vielleicht auch deswegen, weil Erziehung und Bildung zum Problem geworden ist – wieder einmal. Gleichzeitig mit der Aufsehen erregenden Publikation der ersten internationalen Schülervergleichsstudie PISA mit ihren vor allem für deutsche Schülerinnen und Schüler wenig schmeichelhaften Befunden (vgl. Baumert, 2001) fanden sich einige Bücher auf den Bestsellerlisten, die über eine «Erziehungskatastrophe» (Gaschke, 2003) oder einen «Erziehungsnotstand» (Gerster & Nürnberger, 2001) in unseren Landen klagten. Neuerdings hat sich diese Klage sogar zu einer «Bildungs- und Erziehungskatastrophe» (Böhme, 2008) ausgeweitet. Dass Erziehung und Bildung in den Blickpunkt des öffentlichen Interesses gerückt sind, hat mit folgender Ausgangssituation zu tun.

Auf der einen Seite besteht ein breiter gesellschaftlicher Konsens darüber, dass die nachwachsende Generation eines Landes das wichtigste «Humanvermögen» ist, um in einer zunehmend globalisierten Welt bestehen zu können. Dies besagt, dass Kinder und Jugendliche über entsprechende Voraussetzungen wie Leistungsbereitschaft, Wissens- und Handlungskompetenzen oder soziale Fähigkeiten verfügen sollten, um für zukünftige Herausforderungen gerüstet zu sein.

Auf der anderen Seite zeigt sich, dass immer mehr Kinder und Jugendliche Persönlichkeits- und Verhaltensstörungen aufweisen. Hierzu einige Belege:

- Nach einer Literaturübersicht von Petermann (2002) liegt die Rate für unterschiedliche psychische Störungen von Kindern und Jugendlichen (z. B. aggressives Verhalten, soziale Ängste, hyperkinetische Störungen) zwischen 18 % und 27 %.
- In einer epidemiologischen Untersuchung an knapp 4.400 Einschulungskindern wurden 77 % aller Kinder von ihren Müttern so eingeschätzt, dass sie «viel streiten und widersprechen», 54 %, dass sie «viel Beachtung brauchen». Etwa 33 % der Kinder werden als unkonzentriert, impulsiv und «zu redefreudig» beschrieben. Darüber hinaus wird bei den Kindern gehäuft die Tendenz, sich zu produzieren, und die Neigung zu Wutausbrüchen beobachtet (vgl. Resch, 2001).
- Bereits für Kinder im Kindergartenalter stellte sich in der Braunschweiger Kindergartenstudie nach den Einschätzungen von rund 850 Eltern und 820 Erzieherinnen heraus, «dass ca. 18 % aller Kindergartenkinder unter behandlungs-

bedürftigen emotionalen und Verhaltensstörungen leiden» (Hahlweg & Miller, 2001, S. 45).

● In einer weiteren epidemiologischen Studie wurden 13,4 % von rund 4.200 Grundschülern und -schülerinnen von ihren Lehrerinnen und Lehrern als hoch gefährdet (gemessen an Merkmalen wie aggressivem Verhalten, Lügen, schlechten Schulleistungen, Stehlen, negativer Haltung gegenüber der Schule, den Lehrern und Erwachsenen, Verhaltensauffälligkeiten) eingeschätzt (vgl. Landscheidt, 2001).

● Die Ergebnisse der KiGGS-Studie des Robert Koch Instituts (2006) zur Gesundheit von Kindern und Jugendlichen in Deutschland, an der ca. 18 000 Kinder und deren Eltern teilnahmen, förderten zu Tage, dass 17 % der Kinder und Jugendlichen im Alter zwischen 11 und 17 Jahren sich selbst in wenigstens einem der folgenden Bereiche als auffällig beschreiben: emotionale Probleme (z. B. Ängste, Sorgen, Niedergeschlagenheit), Hyperaktivitätsprobleme (z. B. motorische Unruhe, Ablenkbarkeit, unüberlegte Handlungen), Verhaltensauffälligkeiten (z. B. aggressives Verhalten, Ungehorsam, Lügen), Probleme mit Gleichaltrigen (z. B. Kontaktschwierigkeiten, ohne guten Freund oder unbeliebt sein). Ihre Eltern sind sogar noch kritischer: 27,9 % schätzen ihre Kinder nach den genannten Kriterien als auffällig ein.

● Kindliche Verhaltensstörungen erhöhen im Jugendlichenalter die Wahrscheinlichkeit für Schulversagen, Aggressivität, frühe und ungeschützte Sexualität, Drogenmissbrauch, Vandalismus, Delinquenz und Kriminalität. Hierfür nur ein Beispiel: in Deutschland ist nach den Daten der Polizeilichen Kriminalstatistik des Bundeskriminalamts (2007) in einem Zeitraum von knapp 20 Jahren (d. h. von 1987 bis 2006) die Tatverdächtigenquote bezüglich aller Straftaten bei Kindern bis zu 14 Jahren um 83 % und bei Jugendlichen zwischen 14 bis zu 18 Jahren um 118 % gestiegen. Besonders auffällig ist die Zunahme in den Kategorien «Rohheitsdelikte/Straftaten gegen persönliche Freiheit» (Kinder: 706 %; Jugendliche: 454 %), «Körperverletzung» (Kinder: 861 %; Jugendliche: 505 %) «Gewaltkriminalität» (Kinder: 703 %; Jugendliche: 446 %) – ganz zu schweigen von «Rauschgiftdelikten», die bei Kindern um 2252 % und bei Jugendlichen um 725 % zugenommen haben.

Diese alarmierenden Zahlen trüben deutlich das Bild eines von der Politik geforderten psychisch gesunden «Humanvermögens» in Gestalt der nachwachsenden Generation (vgl. den von der deutschen Bundesregierung in Auftrag gegebenen Fünften und Siebten Familienbericht, 1994, 2006). Vieles spricht dafür, dass die genannten Entwicklungen u. a. vor dem Hintergrund eines epochalen Wandels zu sehen sind, der nach dem Motto «Von der Erziehung zur Beziehung» zu einer zunehmenden Liberalisierung des Eltern-Kind-Verhältnisses geführt hat (vgl. Schneewind & Ruppert, 1995). Für viele Eltern bedeutet dieser im Prinzip begrüßenswerte Liberalisierungsschub allerdings eine Verunsicherung hinsichtlich ihrer Erziehungswerte und -methoden. Dies vor allem dann, wenn es darum geht, ihren Kindern in herausfordernden Situationen (z. B. wenn sie sich nicht an Vereinbarungen halten, sich um unangenehme Aufgaben drücken, sich abfällig und respektlos verhalten, anderen gegenüber aggressiv sind) klare Regeln zu vermitteln und Grenzen zu setzen. Einige Beispiele mögen dies belegen:

- In einer telefonischen Befragung von 1.013 Eltern, die 2002 in ganz Bayern durchgeführt wurde, gaben 51,4 % der Befragten an, dass sie in Erziehungsfragen manchmal oder häufig Unsicherheit verspüren und nur 12,9 % waren der Meinung, dass sie in Erziehungsfragen nie unsicher sind. Vier Jahre später, d. h. 2006, wurde dies Befragung an einer neuen Stichprobe von 1287 Eltern wiederholt, wobei sich zeigte, dass sich die Gruppe der erziehungsunsicheren Eltern auf 57,8 % erhöht hatte, während die Anzahl derer, die sich in ihrer Erziehung nie unsicher fühlten, auf 7,4 % gesunken war (Mühling & Smolka, 2007).
- In noch größerem Umfang empfinden Eltern in ihrem Erziehungsalltag Stress. In einer Studie der Sinus Sociovision 2007 gaben 82 % von 502 Eltern mit Kindern im Alter zwischen 0 und 17 Jahren auf die Frage «Wie oft fühlen Sie sich durch Ihren Erziehungsalltag gestresst?» an, dass dies für sie fast täglich, oft oder gelegentlich zutrifft, während lediglich 18 % meinten, dass dies selten bzw. eigentlich nie der Fall ist (Merkle & Wippermann, 2008).
- In einer weiteren Studie aus dem Jahre 2002, an der 3.060 Eltern aus ganz Deutschland mit mindestens einem Kind unter 14 Jahren teilnahmen, berichteten 43 % der Befragten, dass sie manchmal oder häufiger Unsicherheiten in der Erziehung erleben (ELTERN-Gruppe, 2002). Gleichzeitig wurden die Eltern danach befragt, wie häufig sie Probleme mit ihrem Kind haben. 63 % der Eltern gaben an, nur selten Probleme zu haben, während 26 % der Eltern berichteten, dass Probleme mit ihrem Kind öfter vorkommen.

Tabelle 1: Zusammenhang zwischen Unsicherheiten in der Erziehung und Problemen mit dem Kind

Zusammenhang zwischen Unsicherheiten in der Erziehung und Problemen mit dem Kind		
Probleme mit dem Kind	**Unsicherheiten in der Erziehung**	
	manchmal oder häufiger 43 %	kommt kaum vor 52 %
öfter 26 %	66 %	31 %
selten 63 %	34 %	63 %
Stichprobe: 3060 Eltern mit mindestens einem Kind unter 14 Jahren Keine Angaben Unsicherheiten: 5 % Keine Angaben Probleme: 11 %		

Quelle: FamilienAnalyse, 2002

Wie aus **Tabelle 1** hervorgeht, zeigt sich darüber hinaus, dass zwei Drittel der Eltern mit häufigeren Problemen im Umgang mit ihren Kindern auch häufiger in ihrer Erziehung unsicher sind. Hochgerechnet auf alle Eltern in Deutschland mit Kindern bis 14 Jahren sind dies über 2,2 Millionen Eltern.

● In einer weiteren Untersuchung, die von der Zeitschrift GEO (Kucklick, 2002) an einer repräsentativen Stichprobe von 1.045 Eltern mit mindestens einem Kind unter 14 Jahren durchgeführt wurde, sollten die Eltern jeweils nur für eine Antwortalternative angeben, womit sie bei der Erziehung die meisten Schwierigkeiten haben (vgl. **Abbildung 1**).

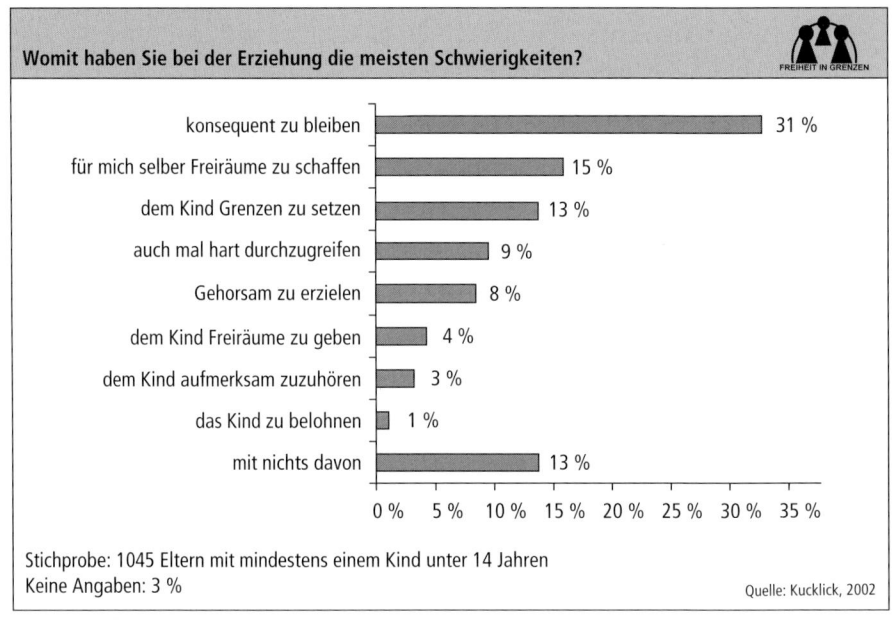

Abbildung 1: Womit haben Sie bei der Erziehung die meisten Schwierigkeiten?

Nimmt man die Antwortvorgaben «konsequent zu sein», «dem Kind Grenzen zu setzen», «auch mal hart durchzugreifen» und «Gehorsam zu erzielen» zusammen, sind es immerhin 61 % der Eltern, die offenkundig mit Disziplinproblemen zu kämpfen haben.

Besteht nun wirklich ein «Erziehungsnotstand» oder gar eine «Erziehungskatastrophe» in unseren Landen? Auch wenn es stimmt, dass psychische Probleme von Kindern und Jugendlichen zugenommen haben, sollte man mit der Verbreitung von Katastrophenszenarien vorsichtig sein. Immerhin gilt nach den Befunden einer Reihe von Shell-Studien über die letzten Jahrzehnte für den überwiegenden Teil der Kinder und Jugendlichen, dass sie glücklich sind und in einem positiven familialen Umfeld aufwachsen (so z. B. auch in der 15. Shell Jugend-Studie, Langness et al., 2006, oder in der umfassenden brandenburgischen Jugendstudie von

Sturzbecher & Holtmann, 2007). Trotzdem: Der Bedarf nach Unterstützung der Eltern in ihrer verantwortungsvollen Aufgabe ist – wie die oben erwähnten Untersuchungsbefunde belegen – unübersehbar. Viele Eltern sind verunsichert, weil sie nicht wissen, wie sie «richtig» erziehen sollen. Die Nachfrage nach Erziehungsratgebern und ein Blick auf die einschlägigen Regale der Buchhandlungen sprechen für sich (der Internet-Buchhändler amazon.de nennt unter dem Stichwort «Erziehungsratgeber» 1649 Titel, Stand: Dezember 2008).

Aber was ist «richtige» oder «gute» Erziehung? Die ernüchternde Antwort ist zunächst, dass dies die Eltern letztlich selbst entscheiden müssen. Allerdings können sie sich für diese Entscheidung – gestützt auf wissenschaftlich bewährte Erkenntnisse – Anregungen für ihre eigene Erziehungsstrategie und ihr Erziehungshandeln in konkreten Situationen holen – und zwar auch ohne, dass sie einen mehr oder weniger kostspieligen Erziehungskurs buchen und zusammen mit anderen Eltern ein mehr oder weniger aufwendiges Elterntraining absolvieren. Genau an dieser Stelle setzt der Elterncoach mit interaktiver DVD an. Er hat den Vorteil, dass er preiswert und jederzeit verfügbar ist. Und nicht zuletzt spricht auch für ihn, dass man ihn ganz privat bei sich zuhause in Anspruch nehmen kann. Der DVD-Elterncoach stützt sich auf das Erziehungsprinzip «Freiheit in Grenzen». Was genau darunter zu verstehen ist, soll im nächsten Kapitel erläutert werden.

3 Freiheit in Grenzen – was ist das?

«Erziehung ist die organisierte Verteidigung der Eltern gegen ihre Kinder», hat einmal der amerikanische Schriftsteller Mark Twain gesagt. Das klingt zwar ganz witzig, als eine seriöse Definition von Erziehung taugt der Spruch aber wohl nicht. Was ist nun aber Erziehung oder genauer: elterliche Erziehung? Kurz gesagt: Beim Erziehen geht es um das *Wollen* und das *Handeln* der Eltern. Zum einen *wollen* Eltern, dass ihre Kinder etwas Bestimmtes tun bzw. sich in einer bestimmten Weise entwickeln, und zum anderen *handeln* sie in einer bestimmten Weise, um ihre Ziele zu erreichen. Das hört sich ziemlich abstrakt an. Nehmen wir deshalb Zuflucht zu einem Beispiel.

Manche Eltern wollen, dass ihre Kinder sich an den täglichen Aufgaben beteiligen, die im Haushalt anfallen. Nach dem Essen helfen, den Tisch mit abzuräumen, ist eine von diesen Aufgaben. Häufig geht es den Eltern nicht nur einfach darum, dass der sich wieder in einem ordentlichen Zustand befindet, sondern z. B. auch darum, dass die Kinder lernen, etwas Nützliches für die Gemeinschaft zu tun. Wenn Eltern so argumentieren, beziehen sie sich auf ihre *Erziehungswerte* bzw. *Erziehungsziele*. Die aber können sehr unterschiedlich ausfallen. Zum Beispiel legen manche Eltern – aus welchen Gründen auch immer – keinen Wert darauf, dass ihre Kinder mithelfen, den Tisch abzuräumen. Aber selbst wenn Eltern die gleichen Erziehungsziele haben, ist damit noch keineswegs gesagt, dass sie auch auf die gleiche Weise handeln. So können sich Eltern z. B. sehr unterschiedlich verhalten, um ihre Kinder dazu zu bringen, den Tisch mit abzuräumen. Die einen bitten, die anderen befehlen, und dazwischen gibt es eine Menge Alternativen.

Allerdings wollen Kinder nicht immer das, was ihre Eltern wollen – und zwar aus dem simplen Grund, weil Kinder «eigenwillige» Wesen sind. Das heißt, es kann passieren, dass sie einfach nicht machen, was von ihnen erwartet wird, z. B. nach dem Essen beim Abräumen des Tischs mitzuhelfen. «Was tun?» stellt sich dann die Frage für die Eltern. Wieder gibt es eine Menge Alternativen – Ignorieren oder Selbermachen beispielsweise oder auch mit unangenehmen Konsequenzen drohen, um nur einige zu nennen.

Wenn es denn so viele Alternativen gibt, finden sich darunter dann auch welche, die für eine «gute» Erziehung sprechen? Keine einfache Frage, denn eines lässt sich mit ziemlicher Gewissheit sagen: Ebenso wie es keine *perfekten Eltern* und keine *perfekten Kinder* gibt, gibt es auch keine *perfekte Erziehung*. Was es aber gibt, ist ein inzwischen in vielen Untersuchungen bestätigtes Wissen darüber, welche Formen elterlicher Erziehung am ehesten dazu beitragen, damit sich Kinder zu *selbstständigen, selbstbewussten, leistungsbereiten, gemeinschaftsfähigen* und dabei auch noch *lebensfrohen* Personen entwickeln können. Immerhin sind dies Erziehungs- und Entwicklungsziele, die in unserem westlichen Kulturkreis von vielen als besonders wünschenswert angesehen werden (mehr dazu findet sich z. B. bei Fuhrer, 2007 oder in dem Erziehungsgutachten des Wissenschaftlichen Beirats für Familienfragen, 2005). Statt hierzu auf weitere Details einzugehen, laden wir Sie an dieser Stelle zu einem kleinen Selbsttest **(Selbsttest 1: Erziehungswerte)** ein, der Ihnen zu einem Eindruck darüber verhelfen soll, welche Erziehungs- und Entwicklungsziele *Ihnen* für Ihre Kinder besonders wichtig oder weniger wichtig sind.

Selbsttest 1: Erziehungswerte

Was ist Ihnen in der Kindererziehung wichtig?

Bitte bewerten Sie auf der folgenden Liste, wie bedeutsam die einzelnen Begriffe für *Ihre* Kindererziehung sind, auf einer Skala von 1 bis 5. Dabei ist:

Eigenschaft	völlig unwichtig 1	eher unwichtig 2	wichtig 3	besonders wichtig 4	ganz besonders wichtig 5
(1) Rücksichtsvoll sein	☐	☐	☐	☐	☐
(2) Beliebt sein bei Erwachsenen	☐	☐	☐	☐	☐
(3) Kritisch sein	☐	☐	☐	☐	☐
(4) Höflich sein	☐	☐	☐	☐	☐
(5) Ehrgeizig sein	☐	☐	☐	☐	☐
(6) Selbstbewusst sein	☐	☐	☐	☐	☐
(7) Sich vertragen können	☐	☐	☐	☐	☐
(8) Still sein	☐	☐	☐	☐	☐
(9) Aufgeschlossen sein	☐	☐	☐	☐	☐
(10) Hilfsbereit sein	☐	☐	☐	☐	☐
(11) Schamgefühl haben	☐	☐	☐	☐	☐
(12) Selbstständig sein	☐	☐	☐	☐	☐
(13) Liebevoll sein	☐	☐	☐	☐	☐
(14) Beliebt sein bei anderen Kindern	☐	☐	☐	☐	☐
(15) Einfallsreich sein	☐	☐	☐	☐	☐
(16) Respekt vor anderen haben	☐	☐	☐	☐	☐
(17) Alleine spielen können	☐	☐	☐	☐	☐
(18) Aufgeweckt sein	☐	☐	☐	☐	☐
(19) Verantwortungsbewusst sein	☐	☐	☐	☐	☐
(20) Sich beherrschen können	☐	☐	☐	☐	☐
(21) Gehorchen können	☐	☐	☐	☐	☐
(22) Sich durchsetzen können	☐	☐	☐	☐	☐
(23) Ehrlich sein	☐	☐	☐	☐	☐
(24) Tüchtig, strebsam sein	☐	☐	☐	☐	☐

Mit dem Selbsttest «Erziehungswerte» können Sie herausfinden, wie wichtig Ihnen bestimmte Werte oder Ziele in Ihrer Erziehung sind. Genauer gesagt geht es dabei um drei Erziehungswerte, nämlich

- die Entwicklung des Kindes zu einer Person, die sich an bestimmten vorgegebenen Normen orientiert – von uns als «Konformität» bezeichnet;
- die Entwicklung des Kindes zu einer eigenständigen und selbstverantwortlichen Person – wir fassen dies unter dem Begriff «Individualität» zusammen;
- die Entwicklung des Kindes zu einer Person mit sozialen Fähigkeiten, die den Umgang mit anderen Menschen erleichtern – wir nennen dies kurz «Soziale Kompetenz».

Um herauszufinden, welche dieser Erziehungswerte für Sie persönlich mehr oder weniger von Bedeutung sind, und wie Sie damit im Vergleich zu anderen Eltern liegen, empfehlen wir Ihnen folgendes Vorgehen:

Wenn Sie den Selbsttest «Erziehungswerte» vollständig ausgefüllt haben, addieren Sie zunächst die Zahlenwerte der Fragen 2, 5, 8, 11, 14, 17, 21 und 24 zu einer Gesamtsumme auf, um etwas über Ihre Einstellung zur «Konformität» zu erfahren. Tragen Sie diesen Wert in die unten stehende Auswertungstabelle **(Tabelle 2)** unter «Meine persönliche Punktzahl» ein. Verfahren Sie ebenso mit den Fragen 3, 6, 9, 12, 15, 18, 19 und 22 bezüglich des Erziehungswertes «Individualität», sowie mit den Fragen 1, 4, 7, 10, 13, 16, 20 und 23 im Hinblick auf die Bedeutung, die Sie dem Erziehungswert «Soziale Kompetenz» beimessen.

Nun können Sie sich anhand der von Ihnen errechneten Werte im Vergleich zu anderen Elternpersonen einordnen. In einer Befragung, an der 266 Elternpersonen teilnahmen, wurde die Verteilung der Gesamtsummenwerte separat für alle drei Aspekte dieses Selbsttests erfasst. Die Punktzahl kann jeweils zwischen dem Minimalwert von 8 und dem Maximalwert von 40 liegen. Für die Auswertungstabelle wurden auf der Basis der Befragungsergebnisse ein mittlerer, unterer und oberer Bereich ermittelt. Dabei lassen sich dem mittleren Bereich ca. 60 Prozent und dem unteren sowie oberen Bereich jeweils ca. 20 Prozent der Befragten zuordnen.

Tabelle 2: Auswertungstabelle für den Selbsttest 1 «Erziehungswerte»

Auswertungstabelle für den Selbsttest «Erziehungswerte»				
	Meine persönliche Punktzahl	unterer Bereich	mittlerer Bereich	oberer Bereich
Konformität	☐	8–17	18–26	27–40
Individualität	☐	8–25	26–34	35–40
Soziale Kompetenz	☐	8–27	28–36	37–40

Stellen Sie nun fest, in welchen Wertebereich Ihre persönliche Punktezahl für jeden der drei Erziehungswerte gehört. Es folgt nun ein kurzer Kommentar zu den drei Wertebereichen für den Erziehungswert «Konformität».

- *Konformität, mittlerer Wertebereich (18–26 Punkte)*: Es ist Ihnen wichtig, dass Ihr Kind ein gewisses Maß an Bereitschaft zeigt, sich an bestimmte Normen und Vorgaben zu halten, die ihm das Leben erleichtern. Dies bezieht sich vor allem darauf, dass Ihr Kind sich anstrengt, wenn es von ihm gefordert wird, und dass es sich anderen gegenüber in einer Weise verhält, die zu seiner Beliebtheit beiträgt. Sie achten dabei auf ein «gesundes Mittelmaß», d. h. Sie wollen weder ein übermäßig angepasstes noch ein besonders aufmüpfiges Kind, das auf Ablehnung stößt oder sich zum Außenseiter entwickeln könnte.
- *Konformität, unterer Wertebereich (8–17 Punkte)*: Sie sehen es gern, wenn sich Ihr Kind zu einer kritischen Person entwickelt, die sich nicht «des lieben Friedens willen» irgendwelchen Forderungen von anderen fügt – auch wenn Ihr Kind deswegen auf der Beliebtheitsskala nicht gerade oben steht. Wenn Ihre persönliche Punktezahl deutlich im unteren Bereich liegt, sollten Sie sich jedoch fragen, ob ein Schuss mehr Anerkennung einiger grundlegender «Selbstverständlichkeiten» unseres Zusammenlebens es Ihrem Kind erleichtern könnte, im Alltag weniger anzuecken.
- *Konformität, oberer Wertebereich (27–40 Punkte)*: Sie möchten gern, dass Ihr Kind sich gut in unser Gemeinwesen einfügen kann. Vor allem soll es die notwendigen Voraussetzungen mitbringen, um erfolgreich zu sein und von anderen anerkannt zu werden – auch wenn es dabei mit eigenen Bedürfnissen und Meinungen hinter dem Berg halten muss. Wenn Sie eine sehr hohe persönliche Punktezahl erzielt haben, sollten Sie sich darüber Gedanken machen, ob Ihrem Kind nicht ein wenig mehr Durchsetzungsfähigkeit und weniger Nachgiebigkeit bzw. Angepasstheit gut tun würde.

Es folgen nun die Kommentare zu den drei Wertebereichen für den Erziehungswert «Individualität».

- *Individualität, mittlerer Wertebereich (26–34 Punkte)*: Sie wollen, dass sich Ihr Kind zu einer eigenständigen Person entwickelt, die sich auf ihre Fähigkeiten verlassen kann, mit beiden Beinen fest im Leben steht und sich kein X für ein U vormachen lässt. Mit diesem Werteprofil haben Sie sicher eine gute Leitlinie für die Erziehung Ihres Kindes – dies umso mehr, wenn Ihre Entwicklungsziele mit Ihrem alltäglichen Erziehungsverhalten im Einklang stehen.
- *Individualität, unterer Wertebereich (8–25 Punkte)*: Für Sie ist es weniger wichtig, dass Ihr Kind seine Individualität in allen Facetten ausleben kann – vielleicht weil Sie die Erfahrung gemacht haben, dass zuviel Eigenständigkeit ziemlich anstrengend und herausfordernd sein kann. Vor allem wenn Ihr Kind besonders temperamentvoll und wissbegierig ist, kann dies dazu führen, dass Sie sich ein weniger «strapaziöses» Kind wünschen. Denken Sie aber – besonders wenn Ihre persönliche Punktezahl deutlich im unteren Bereich liegt –

daran, dass Kinder, die mit einer guten Portion an Selbstbewusstsein und Offenheit für Neues ausgestattet sind, es in der Regel im Leben leichter haben.

● *Individualität, oberer Wertebereich (35–40 Punkte):* Für Sie stellt eine ausgeprägte individuelle Note Ihres Kindes einen besonders hohen Wert dar. Das passt gut in das in unserem Kulturkreis vorherrschende und bereits vom ehemaligen Preußenkönig, dem «Alten Fritz», propagierte Verständnis, wonach jeder «nach seiner Façon» glücklich werden sollte. Wenn Sie eine persönliche Punktezahl haben, die an den Maximalwert heranreicht, sollten Sie jedoch bedenken, dass ein besonders ausgeprägter Individualismus auch seine Schattenseiten hat, z. B. wenn Selbstbewusstsein in Selbstüberheblichkeit oder Durchsetzungsfähigkeit in Rücksichtslosigkeit umschlägt.

Zum Schluss kommen nun noch die Kommentare zu den drei Wertebereichen für den Erziehungswert «Soziale Kompetenz».

● *Soziale Kompetenz, mittlerer Wertebereich (28–36 Punkte):* Sie erachten es für wichtig, dass Ihr Kind im Kontakt mit anderen gut zurecht kommt und verbinden dies mit einer Reihe von Eigenschaften wie Rücksichtnahme, Verträglichkeit oder Hilfsbereitschaft. Damit schaffen Sie eine solide Plattform dafür, dass Ihr Kind sich Fähigkeiten aneignen kann, die ihm in sozialen Beziehungen unterschiedlicher Art Sympathie, Wertschätzung und das Gefühl, akzeptiert zu sein, einbringen.

● *Soziale Kompetenz, unterer Wertebereich (8–27 Punkte):* Anders als bei den meisten anderen Eltern, ist es Ihnen nicht so wichtig, dass Ihr Kind über Fähigkeiten verfügt, die von vielen als das «Schmieröl» für gut funktionierende soziale Beziehungen bezeichnet werden. Vielleicht haben Sie selbst mit manchen Menschen ungute Erfahrungen gemacht und dabei feststellen müssen, dass Rücksicht, Höflichkeit und Respekt eher das Gegenteil von dem zur Folge haben, was sie eigentlich bewirken sollen. Auch wenn Sie solchen Menschen gegenüber verständlicherweise reserviert sind, sollten Sie darüber nachdenken, ob es nicht auch andere Personen in Ihrem Umkreis gibt, mit denen Sie bessere Erfahrungen gemacht haben. Dies könnte eine Basis dafür sein, Ihrem Kind ein gutes Polster an sozialen Kompetenzen mit auf den Weg zu geben, ohne die «Risiken und Nebenwirkungen» einer Überdosis an zwischenmenschlicher Zuwendung außer Acht zu lassen.

● *Soziale Kompetenz, oberer Wertebereich (37–40 Punkte):* Für Sie ist es ganz besonders wichtig, dass Ihr Kind über ein hohes Maß an sozialen Fähigkeiten im Umgang mit anderen Menschen verfügt. Mit dieser Erziehungsmaxime vermitteln Sie Ihrem Kind eine wesentliche Grundhaltung fürs Leben, denn gewöhnlich bilden rücksichtsvolles und höfliches Verhalten oder die Bereitschaft, mit anderen gut auskommen zu wollen, das Fundament für zufrieden stellende soziale Beziehungen. Bisweilen kann des Guten jedoch auch zuviel sein, z. B. wenn die Rücksichtnahme beständig zulasten eigener Bedürfnisse geht oder wenn der Respekt vor anderen Personen so groß wird, dass er sich zur Unterwürfigkeit auswächst. Wenn Sie einen extrem hohen Wert erzielt haben, empfehlen wir Ihnen daher, über die möglichen Zerrbilder von an sich positiven sozialen Kompetenzen nachzudenken.

Mit dem nunmehr geschärften Blick des Selbsttests kommen wir noch einmal auf die zentrale Frage zurück, ob es so etwas wie Maßstäbe für eine «gute» Erziehung gibt. Die Antwort lautet: Grundsätzlich schon – vorausgesetzt, man orientiert sich an den Kriterien des Erziehungskonzepts «Freiheit in Grenzen». «Gute» Erziehung lässt sich nämlich auf die Formel bringen: *Kompetente Eltern* haben *kompetente Kinder.* Aber wann sind Eltern «kompetente Eltern»? Nach jahrzehntelangen Forschungsstudien gibt es nach dem bisherigen Erkenntnisstand eine klare Antwort auf diese Frage. Für positive Erziehungskompetenzen von Eltern sind drei Merkmale charakteristisch, auf denen auch das Erziehungskonzept «Freiheit in Grenzen» beruht, nämlich

- Elterliche Wertschätzung,
- Fordern und Grenzensetzen,
- Gewähren und Förden von Eigenständigkeit.

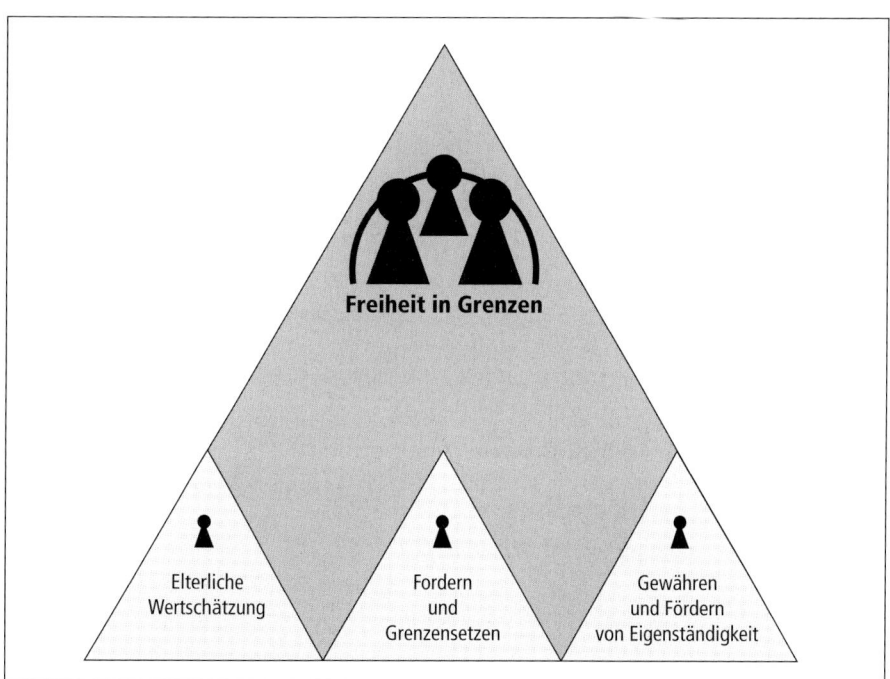

Abbildung 2: Die «Freiheit in Grenzen»-Pyramide

Grundsätzlich ist eine Erziehung nach dem Prinzip «Freiheit in Grenzen» eine Erziehungs*haltung*, die sich aber auch im *Verhalten* der Eltern zu erkennen gibt (vgl. ausführlicher hierzu: Schneewind, 2002, 2007, 2008a; Wissenschaftlicher Beirat für Familienfragen, 2005).

An dieser Stelle regen wir an, dass Sie – bevor Sie weiter lesen – anhand von zwei Tests für sich selbst herausfinden, wie Sie Ihre eigene Erziehungs*haltung* bzw. Ihr eigenes Erziehungs*verhalten* einschätzen. Im Folgenden geht es zunächst um Ihre Erziehungshaltung, d. h. die grundsätzliche Einstellung, die Sie hinsichtlich der Erziehung Ihres Kindes bzw. Ihrer Kinder haben **(Selbsttest 2: Erziehungs-grundsätze).**

Selbsttest 2: Erziehungsgrundsätze

Welche Erziehungsgrundsätze wenden Sie an?

Die folgenden Aussagen beziehen sich auf grundlegende Erziehungsvorstellungen von Eltern. Geben Sie bitte mit Blick auf *Ihr Kind* an, wie sehr die einzelnen Aussagen für Sie zutreffen. Sie haben dabei folgende Antwortmöglichkeiten:

	trifft gar nicht zu	trifft kaum zu	teils – teils	trifft eher zu	trifft völlig zu
	1	2	3	4	5
(1) In unserer Familie hat mein Kind ebenso oft wie ich die Möglichkeit, das zu tun, was es will.	☐	☐	☐	☐	☐
(2) Wenn in unserer Familie einmal bestimmte Regeln eingeführt wurden, erkläre ich meinem Kind den Sinn und Zweck dieser Regeln und diskutiere mit ihm darüber.	☐	☐	☐	☐	☐
(3) Immer wenn ich meinem Kind sage, dass es etwas tun soll, dann erwarte ich, dass dies sofort und ohne Widerrede geschieht.	☐	☐	☐	☐	☐
(4) Ich bin immer zu einem Gespräch bereit, wenn mein Kind die geltenden Regeln und Einschränkungen in unserer Familie für ungerecht hält.	☐	☐	☐	☐	☐
(5) Mein Kind hat immer die Freiheit, seine eigenen Entscheidungen zu treffen und das zu tun, was es für richtig hält, auch wenn dies gegen meinen Willen ist.	☐	☐	☐	☐	☐
(6) Mein Kind sollte meine Entscheidungen nicht in Frage stellen.	☐	☐	☐	☐	☐
(7) Wenn eine öffentliche Autoritätsperson Verhaltensregeln und Vorschriften aufstellt, braucht mein Kind sich nicht unbedingt daran zu halten.	☐	☐	☐	☐	☐
(8) Mein Kind weiß, was ich von ihm erwarte – es hat allerdings jederzeit die Möglichkeit, mit mir über meine Erwartungen zu diskutieren, wenn es diese nicht nachvollziehen kann.	☐	☐	☐	☐	☐
(9) Ich bringe meinem Kind von klein auf vor allem bei, wer in der Familie das Sagen hat.	☐	☐	☐	☐	☐
(10) Bei Familienentscheidungen richte ich mich in der Regel nach dem Willen meines Kindes.	☐	☐	☐	☐	☐
(11) Ich bin sehr verärgert, wenn mein Kind versucht, mir zu widersprechen.	☐	☐	☐	☐	☐
(12) Mein Kind weiß, welches Verhalten ich von ihm erwarte. Es wird bestraft, wenn es meine Erwartungen nicht erfüllt.	☐	☐	☐	☐	☐
(13) Ich lasse mein Kind die meisten Entscheidungen selbstständig treffen, ohne es dabei zu beeinflussen.	☐	☐	☐	☐	☐

Welche Erziehungsgrundsätze wenden Sie an?

Die folgenden Aussagen beziehen sich auf grundlegende Erziehungsvorstellungen von Eltern. Geben Sie bitte mit Blick auf *Ihr Kind* an, wie sehr die einzelnen Aussagen für Sie zutreffen. Sie haben dabei folgende Antwortmöglichkeiten:

	trifft gar nicht zu	trifft kaum zu	teils – teils	trifft eher zu	trifft völlig zu
	1	2	3	4	5
(14) Bei Familienentscheidungen berücksichtige ich die Meinung meines Kindes, mache die Entscheidungen jedoch nicht allein von seinem Willen abhängig.	☐	☐	☐	☐	☐
(15) Ich fühle mich nicht dafür verantwortlich, das Verhalten meines Kindes zu lenken und anzuleiten.	☐	☐	☐	☐	☐
(16) Ich gebe meinen Kindern klare Richtlinien vor, wie sie sich zu Hause verhalten sollen, bin allerdings bereit, diese an die Bedürfnisse jedes einzelnen Kindes anzupassen.	☐	☐	☐	☐	☐
(17) Ich gebe meinem Kind eine Richtung für sein Verhalten und seine Aktivitäten vor und erwarte von ihm, dass es sich dementsprechend verhält. Ich bin jedoch jederzeit bereit, mir seine Anliegen anzuhören und meine Vorgaben zu diskutieren.	☐	☐	☐	☐	☐
(18) Ich sage meinem Kind genau, was es zu tun hat und wie dies zu geschehen hat.	☐	☐	☐	☐	☐
(19) Ich schreibe meinem Kind nicht vor, wie es sich zu verhalten hat, oder wie seine Aktivitäten und Wünsche auszusehen haben.	☐	☐	☐	☐	☐
(20) Mein Kind weiß, was ich von ihm erwarte und ich bestehe darauf, dass es sich diesen Erwartungen anpasst – allein schon aus Respekt vor meiner Autorität.	☐	☐	☐	☐	☐
(21) Wenn ich einmal eine Entscheidung gefällt habe, die mein Kind besonders hart trifft, bin ich bereit, mit ihm darüber zu diskutieren und kann auch zugeben, wenn ich einen Fehler gemacht habe.	☐	☐	☐	☐	☐

Der Selbsttest 2 «Erziehungsgrundsätze» beleuchtet drei Aspekte, die Ihre allgemeine Haltung oder Einstellung in Erziehungsfragen zum Gegenstand haben. Diese haben viel mit den drei Erziehungsprinzipien gemeinsam, die Sie in Abbildung 2 kennen gelernt haben. Im Einzelnen geht es um folgende Erziehungsgrundsätze:

- eine durch Nachgiebigkeit und wenig Einschränkungen gekennzeichnete Erziehungseinstellung – auch unter der Bezeichnung «permissiver Erziehungsstil» bekannt;
- eine Erziehungseinstellung, die sich durch emotionale Zuwendung, Orientierung an Regeln und Unterstützung von Eigenständigkeit auszeichnet – im Fachjargon auch als «autoritativer Erziehungsstil» bezeichnet;
- eine durch emotionale Distanz, Strenge und Reglementierung gekennzeichnete Erziehungshaltung – gewöhnlich als «autoritärer Erziehungsstil» beschrieben.

Um herauszufinden, welche Erziehungsgrundsätze für Sie persönlich vorrangig sind, und wie Sie damit im Vergleich zu anderen Eltern liegen, empfehlen wir Ihnen folgendes Vorgehen:

Wenn Sie den Selbsttest «Erziehungsgrundsätze» vollständig ausgefüllt haben, addieren Sie zunächst die Zahlenwerte für die Aussagen 1, 5, 7, 10, 13, 15 und 19 zu einer Gesamtsumme auf, um etwas darüber zu erfahren, wie sehr Sie sich an einem «permissiven Erziehungsstil» orientieren. Tragen Sie diesen Wert dann in die untenstehende Auswertungstabelle **(Tabelle 3)** unter «Meine persönliche Punktezahl» ein. Verfahren Sie ebenso mit den Aussagen 2, 4, 8, 14, 16, 17 und 21, die sich darauf beziehen, wie stark Ihr «autoritativer Erziehungsstil» ausgeprägt ist. Und zählen Sie schließlich auch die Zahlenwerte für die Aussagen 3, 6, 9, 11, 12, 18 und 20 zusammen. Die Gesamtsumme informiert Sie dann darüber, wie sehr ein «autoritärer Erziehungsstil» Richtschnur für Ihre Erziehung ist.

Nun können Sie sich – ähnlich wie beim Selbsttest 1 «Erziehungswerte» – anhand Ihrer persönlichen Punktezahl im Vergleich zu anderen Elternpersonen einordnen. Auch hier liegen als Vergleichsmaßstab wieder die Antworten von 266 Elternpersonen zugrunde. Diese verteilen sich diesmal für jeden der drei Erziehungsgrundsätze zwischen einem Minimalwert von 7 Punkten und einem Maximalwert von 35 Punkten. In der folgenden Auswertungstabelle wurden unter Bezug auf die Befragungsergebnisse wiederum ein mittlerer, unterer und oberer Bereich ermittelt. Im mittleren Bereich befinden sich ca. 60 Prozent der Befragten, während sich die restlichen ca. 40 Prozent zur Hälfte auf den unteren und den oberen Bereich verteilen.

Tabelle 3: Auswertungstabelle für den Selbsttest 2 «Erziehungsgrundsätze»

Auswertungstabelle für den Selbsttest «Erziehungsgrundsätze»				
	Meine persönliche Punktezahl	unterer Bereich	mittlerer Bereich	oberer Bereich
Permissiver Erziehungsstil	☐	7–14	15–23	24–35
Autoritativer Erziehungsstil	☐	7–24	25–33	34–35
Autoritärer Erziehungsstil	☐	7–11	12–20	21–35

Stellen Sie nun fest, in welchen Wertebereich Ihre persönliche Punktezahl für jeden der drei Erziehungsgrundsätze gehört. Es folgt nun ein kurzer Kommentar für die drei Wertebereiche des «permissiven Erziehungsstils».

● *Permissiver Erziehungsstil, mittlerer Wertebereich (15–23 Punkte):* Sie lassen Ihrem Kind zwar einiges durchgehen, tun dies jedoch in Maßen, z. B. indem Sie Ihrem Kind nicht völlige Entscheidungsfreiheit über seine Belange belassen und sich auch in anderen Familienangelegenheiten nur bedingt nach dem Willen Ihres Kindes richten. Sofern Sie von Fall zu Fall und je nach Situation klären, ob und inwieweit Sie Ihrem Kind Freiheiten einräumen, dürften Sie sich keine größeren Probleme einhandeln, wenn Sie Ihr Kind so weit wie möglich gewähren lassen. Anders ist es, wenn Sie in einer für Ihr Kind schwer durchschaubaren Weise in derselben Situation einmal nachgiebig sind und ein nächstes Mal nicht. In diesem Fall kann sich Ihr Kind keinen Reim auf Ihr Verhalten machen und es wird ihm schwer fallen, in Ihnen eine Orientierungshilfe zu sehen. Besonders wenn Ihre Werte im Mittelbereich der Skala liegen, d. h. wenn Sie häufiger die Antwortkategorie «teils-teils» gewählt haben, sollten Sie daher prüfen, ob Ihre Entscheidung für eine eher nachsichtige Erziehungshaltung gut begründet ist.

● *Permissiver Erziehungsstil, unterer Wertebereich (7–14 Punkte):* Sie erteilen einer Haltung eine klare Absage, die Ihrem Kind weitgehend uneingeschränkte Freiheiten in all dem, was es tut und möchte, ermöglichen würde. Obwohl diese Einstellung aus erzieherischen Gründen prinzipiell gut nachvollziehbar ist, sollten Sie für sich klären, ob Sie bisweilen womöglich des Guten zuviel tun. Es könnte nämlich sein, dass sich bei Ihrem Kind mehr und mehr das Gefühl breit macht, dass es mit seinen Versuchen, auch eigene Entscheidungen treffen zu können, kein Gehör findet. Wir empfehlen Ihnen, in diesem Zusammenhang auch Ihre persönliche Punktezahl für den «autoritären Erziehungsstil» in diese Überlegungen mit einzubeziehen.

● *Permissiver Erziehungsstil, oberer Wertebereich (24–35 Punkte):* Sie vertreten die Auffassung, dass Ihr Kind möglichst viele Freiheiten haben soll, das zu tun, was es will. Dabei machen Sie im Wesentlichen auch keinen Unterschied zwischen Ihrem Kind und erwachsenen Familienmitgliedern. Im Extremfall richten Sie sich in Ihren Entscheidungen danach, was Ihr Kind möchte. Und selbst wenn Sie mit dem, was Ihr Kind tut, nicht einverstanden sind, lassen Sie es gewähren. Wenn Sie eine Punktezahl haben, die nahe an den Extremwert heranreicht, spricht vieles dafür, dass Ihr Kind gewissermaßen der König bzw. die Königin in Ihrer Familie ist. So wichtig es ist, dass Sie von Ihrem Kind begeistert sind und Sie ihm vielleicht gerade deswegen keinen Wunsch abschlagen wollen, so sehr möchten wir Ihnen nahe legen, darüber nachzudenken, welche Konsequenzen eine extrem nachgiebige Erziehungshaltung für die weitere Entwicklung Ihres Kindes haben kann. Mit großer Wahrscheinlichkeit wird Ihr Kind außerhalb der Familie die frustrierende Erfahrung machen, dass Entbehrungen unvermeidlich sind und dass andere Menschen nicht so ohne weiteres nach seiner Pfeife tanzen. Wie es solche Erfahrungen verarbeitet, steht auf einem anderen Blatt. Auf jeden Fall machen Sie ihm mit einer besonders großen Portion an Nachsichtigkeit das Leben nicht unbedingt leichter.

Wir kommen nun zu einem Kommentar der drei Wertebereiche für den so genannten «autoritativen Erziehungsstil», der im Wesentlichen dem Erziehungsprinzip «Freiheit in Grenzen» entspricht.

- *Autoritativer Erziehungsstil, mittlerer Wertebereich (25–33 Punkte)*: Wenn Ihre persönliche Punktezahl in diesem mittleren Bereich liegt, überwiegt bei Ihnen eine Erziehungshaltung, die Ihrem Kind zwar viele Freiheiten lässt, aber auch auf klaren Vereinbarungen und Regeln beruht. Auch legen Sie viel Wert darauf, mit Ihrem Kind zu reden, und machen dabei deutlich, dass Regeln nicht ein für alle mal festgeschrieben sind, sondern auch neu ausgehandelt werden können. Auch wenn Sie bei alldem die Führungsposition behalten, vermitteln Sie Ihrem Kind die Erfahrung, dass seine Wünsche ernst genommen werden und in vielen Fällen Kompromisse möglich sind.
- *Autoritativer Erziehungsstil, unterer Wertebereich (7–24)*: Einer Erziehungshaltung, die Ihrem Kind ein gewisses Maß an Mitspracherecht und Entscheidungsfreiheit zubilligt, stehen Sie eher skeptisch gegenüber – und dies umso mehr, je geringer Ihre persönliche Punktezahl ausfällt. Dafür kann es unterschiedliche Gründe geben. Vielleicht haben Sie keine so guten Erfahrungen mit diesem Erziehungskonzept gemacht, z. B. weil Ihr Kind sich nicht an Vereinbarungen gehalten hat, obwohl sie diese doch gemeinsam getroffen haben. Vielleicht haben Sie sich aber auch zu wenig Zeit genommen, um mit Ihrem Kind auf schwierige Punkte im Einzelnen einzugehen, denn eine Erziehungshaltung, die Ihr Kind mit all seinen Verhaltensweisen, Ansichten und Wünschen wirklich ernst nimmt, erfordert viel Zuwendung, Offenheit und Geduld. Besonders wenn Ihre persönliche Punktezahl deutlich im unteren Bereich liegt, empfehlen wir Ihnen, über mögliche Gründe dafür nachzudenken. Und bleiben Sie auf jeden Fall am Ball, um Ihre persönliche Punktezahl zu erhöhen.
- *Autoritativer Erziehungsstil, oberer Wertebereich (34–35 Punkte)*: Für Sie ist es besonders wichtig, dass Sie Ihrem Kind gegenüber eine Haltung einnehmen,

die seine Bedürfnisse ernst nimmt, ihm klare Regeln vermittelt, aber auch viel Spielraum für Anregungen, Kompromisse und eigene Entscheidungen lässt. Wenn Sie von der Bedeutung dieser Erziehungsgrundsätze nicht nur fest überzeugt sind sondern im alltäglichen Zusammenleben mit Ihrem Kind auch entsprechend handeln, schaffen sie die besten Voraussetzungen dafür, dass sich Ihr Kind zu einer Person entwickeln kann, die die unterschiedlichen Herausforderungen des Lebens selbstverantwortlich meistern kann.

Abschließend folgen nun noch die Kommentare zum «autoritären Erziehungsstil».

- *Autoritärer Erziehungsstil, mittlerer Wertebereich (12–20 Punkte)*: Wenn Ihre persönliche Punktezahl in den mittleren Wertebereich fällt, gehören Sie zu der Mehrheit der Eltern, die sich nur wenig mit einer strikten Durchsetzung ihrer Erziehungsvorstellungen anfreunden können. Harte Sanktionen, Unduldsamkeit gegen Widersprüche oder absolutes Befolgen von Anordnungen sind bei Ihnen allenfalls dann und wann angesagt. Vielleicht am ehesten dann, wenn Sie selbst unter Stress stehen und mit gutem Zureden partout nicht weiterkommen. Dass Sie in Ihrer Erziehung im Wesentlichen auf Druck und Zwang verzichten, ist auch gut so, denn die Einstellung, dass drakonische Maßnahmen Ihr Kind lehren, wie es sich richtig zu verhalten hat, würde auf Dauer eine lebensbejahende Einstellung Ihres Kindes zu sich selbst und zu anderen untergraben.

- *Autoritärer Erziehungsstil, unterer Wertebereich, (7–11 Punkte)*: Sie gehören zu der Gruppe von Eltern, die eine ausgeprägte Abneigung gegen eine einschüchternde und intolerante Erziehung haben – eine Erziehung also, die Gefahr läuft, den Willen Ihres Kindes zu brechen. Vielleicht ist diese Haltung fest in Ihrer allgemeinen Überzeugung verankert, dass mit Gewalt und Kadavergehorsam letztlich keine Probleme gelöst und vor allem kein menschenwürdiges Leben geführt werden kann. Vielleicht haben Sie auch ein besonderes Geschick im Umgang mit schwierigen Erziehungssituationen oder aber auch das Glück, ein Kind zu haben, das «von Haus aus» kooperativ ist und sich leicht lenken lässt. Wenn dem so ist, sind Sie in jedem Fall zu beglückwünschen.

- *Autoritärer Erziehungsstil, oberer Wertebereich (21–35 Punkte)*: Für Sie ist es wichtig, dass in der Erziehung Ihres Kindes klar ist, wer das Sagen hat. Sie erwarten von Ihrem Kind, dass es sich so verhält, wie Sie es für richtig halten und dulden dabei in der Regel keine Widerrede. Und wenn Ihnen widersprochen wird, passiert es schnell, dass Sie ärgerlich werden. Die Gründe dafür können sehr unterschiedlich sein. Manche Kinder haben ein schwieriges Temperament, das es einem wirklich schwer macht, die Fassung zu bewahren. Manche Eltern haben eine Menge Stress und fallen deswegen leichter aus der Rolle, oder sie haben selbst als Kind wenig an echter Zuwendung, dafür aber viel an Reglementierung erfahren. Welche Gründe für Sie auch immer zutreffen mögen: Vor allem wenn Sie mit Ihrer persönlichen Punktezahl nahe am Maximalwert liegen, sollten Sie ernsthaft darüber nachdenken, ob Sie bei dieser für Ihr Kind wenig produktiven Erziehungshaltung bleiben wollen. Denn es gibt gute Alternativen.

In dem nächsten Selbsttest **(Selbsttest 3: Erziehungsverhalten)** können Sie für sich klären, welche Verhaltensweisen Sie im Umgang mit Ihrem Kind bzw. Ihren Kindern im Allgemeinen anwenden.

Selbsttest 3: Erziehungsverhalten

Wie verhalten Sie sich gegenüber Ihrem Kind?

Im Folgenden sind einige Verhaltensweisen aufgeführt, die Eltern ihren Kindern gegenüber mehr oder weniger häufig zeigen. Geben Sie bitte für jede dieser Verhaltensweisen an, ob Sie diese Ihrem Kind gegenüber zum Ausdruck bringen.

	nein, niemals (1)	ja, gelegentlich (2)	ja, oft (3)	ja, ständig (4)
(1) Ich bestrafe mein Kind hart, auch für Kleinigkeiten.	☐	☐	☐	☐
(2) Mein Kind spürt, dass ich es gern habe.	☐	☐	☐	☐
(3) Es kommt vor, dass ich mein Kind auch für kleine «Sünden» bestrafe.	☐	☐	☐	☐
(4) Ich versuche, mein Kind zu beeinflussen, etwas «Besseres» zu werden.	☐	☐	☐	☐
(5) Es kommt vor, dass ich meinem Kind aus Angst, ihm könnte etwas zustoßen, Dinge verbiete, die anderen Kindern in dem Alter erlaubt werden.	☐	☐	☐	☐
(6) Es kommt vor, dass ich mein Kind vor anderen ausschimpfe oder körperlich bestrafe.	☐	☐	☐	☐
(7) Ich versuche, mein Kind zu trösten und aufzumuntern, wenn ihm etwas daneben geht.	☐	☐	☐	☐
(8) Es kommt vor, dass ich mein Kind härter bestrafe, als es verdient hätte.	☐	☐	☐	☐
(9) Mein Kind kann von mir Unterstützung erwarten, wenn es vor einer schwierigen Aufgabe steht.	☐	☐	☐	☐
(10) Ich lehne Freunde ab, mit denen mein Kind sich gerne trifft.	☐	☐	☐	☐
(11) Ich versuche mein Kind anzutreiben, «Bester» zu werden.	☐	☐	☐	☐
(12) Ich zeige meinem Kind vor anderen, dass ich es gern habe.	☐	☐	☐	☐
(13) Ich gebrauche folgende Redensart: «Wenn du das nicht tust, bin ich traurig».	☐	☐	☐	☐
(14) Ich lobe mein Kind.	☐	☐	☐	☐
(15) Ich tröste mein Kind, wenn es traurig ist.	☐	☐	☐	☐
(16) Es kommt vor, dass ich mein Kind bestrafe, ohne dass es etwas getan hat.	☐	☐	☐	☐
(17) Ich zeige meinem Kind mit Worten und Gesten, dass ich es gern habe.	☐	☐	☐	☐

Wie verhalten Sie sich gegenüber Ihrem Kind?

Im Folgenden sind einige Verhaltensweisen aufgeführt, die Eltern ihren Kindern gegenüber mehr oder weniger häufig zeigen. Geben Sie bitte für jede dieser Verhaltensweisen an, ob Sie diese Ihrem Kind gegenüber zum Ausdruck bringen.

	nein, niemals	ja, gelegentlich	ja, oft	ja, ständig
	1	**2**	**3**	**4**
(18) Es kommt vor, dass ich mein Kind ohne Grund körperlich bestrafe.	☐	☐	☐	☐
(19) Ich glaube, dass mein Kind sich manchmal wünscht, dass ich mich weniger darum kümmere, was es tut.	☐	☐	☐	☐
(20) Ich bestrafe mein Kind körperlich (z. B. Klaps).	☐	☐	☐	☐
(21) Ich setze meinem Kind bestimmte Grenzen für das, was es tun und lassen darf und bestehe eisern darauf.	☐	☐	☐	☐
(22) Ich behandle mein Kind so, dass es sich schämt.	☐	☐	☐	☐
(23) Ich finde, dass ich übertrieben ängstlich bin, dass meinem Kind etwas zustoßen könnte.	☐	☐	☐	☐
(24) Ich kann mit meinem Kind schmusen.	☐	☐	☐	☐

Mit dem Selbsttest 3 «Erziehungsverhalten» können Sie sich einen genaueren Einblick darüber verschaffen, wie Sie selbst Ihr konkretes Verhalten einschätzen, das Sie gewöhnlich im Umgang mit Ihrem Kind an den Tag legen. Es geht dabei um folgende drei Themen:

● das Ausmaß an körperlicher und seelischer Disziplinierung, wenn sich Ihr Kind etwas hat zuschulden kommen lassen – wir bezeichnen dies als «Ablehnung und Strafe»;
● das Ausmaß an Liebe, Zuwendung und Unterstützung, das Sie Ihrem Kind zuteil werden lassen – oder kurz «Emotionale Wärme»;
● das Ausmaß an Überwachung und Einschränkung der Aktivitäten Ihres Kindes, wobei teilweise auch die Sorge eine Rolle spielt, dass Ihrem Kind etwas zustoßen könnte – wir verwenden hierfür das Kürzel «Kontrolle und Überbehütung».

Um herauszufinden, welches Erziehungsverhalten Sie persönlich im Allgemeinen Ihrem Kind gegenüber zeigen, und wie sich im Vergleich dazu andere Eltern einschätzen, empfehlen wir Ihnen – wie schon bei den vorangegangenen Selbsttests – wie folgt vorzugehen:

Wenn Sie den Selbsttest 3 «Erziehungsverhalten» vollständig ausgefüllt haben, addieren Sie zunächst die Zahlenwerte der Aussagen 1, 3, 6, 8, 16, 18, 20 und 22 zu einer Gesamtsumme auf, um etwas darüber zu erfahren, wie Sie sich selbst im Hinblick auf den Verhaltensaspekt «Ablehnung und Strafe» einschätzen. Tragen Sie diesen Wert in die unten stehende Auswertungstabelle **(Tabelle 4)** unter «Meine persönliche Punktezahl» ein. Verfahren Sie ebenso mit den Aussagen 2, 7, 9, 12, 14, 15, 17 und 24, bei denen es um den Verhaltensbereich «Emotionale Wärme» geht. Schließlich zählen Sie auch die Zahlen für Ihre Antworten auf die Aussagen 4, 5, 10, 11, 13, 19, 21 und 23 zusammen, um Ihre persönliche Punktezahl für «Kontrolle und Überbehütung» zu erhalten.

Nun können Sie Ihre persönliche Punktezahl für die drei Bereiche des Erziehungsverhaltens mit den Werten anderer Elternpersonen vergleichen. Die Vergleichsmöglichkeit beruht auf einer Befragung von 266 Elternpersonen und ergab für jeden der drei Verhaltensaspekte Werte, die zwischen einer Minimalpunkte-

Tabelle 4: Auswertungstabelle für den Selbsttest 3 «Erziehungsverhalten»

Auswertungstabelle für den Selbsttest «Erziehungsverhalten»				
	Meine persönliche Punktezahl	unterer Bereich	mittlerer Bereich	oberer Bereich
Ablehnung und Strafe	☐	8	9–12	13–32
Emotionale Wärme	☐	8–23	24–30	31–32
Kontrolle und Überbehütung	☐	8–10	11–15	16–32

zahl von 8 und einer Maximalpunktezahl von 32 liegen. Für die Auswertungstabelle wurden die Befragungsergebnisse in einen mittleren, unteren und oberen Bereich unterteilt, wobei im mittleren Wertebereich ca. 60 % und im unteren sowie im oberen Wertebereich jeweils ca. 20 % der Befragen liegen.

Stellen Sie nun fest, in welchem Wertebereich Ihre persönliche Punktezahl für jeden der drei Merkmale des Erziehungsverhaltens liegt. Wir beginnen mit einem kurzen Kommentar zu den drei Wertebereichen für das Verhaltensmuster «Ablehnung und Strafe».

- *Ablehnung und Strafe, mittlerer Wertebereich (9–12 Punkte)*: Insgesamt gesehen verzichten Sie, wie die meisten der befragten Eltern, in der Erziehung Ihres Kindes in aller Regel auf harte und strenge Disziplinierungsmaßnahmen. Es gibt allerdings auch ein paar Ausnahmen. Schauen Sie sich besonders für diese Ausnahmen Ihre Antworten noch einmal genau an und versuchen Sie herauszufinden, woran es liegt, dass Sie auf eine härtere Strafe als gewöhnlich zurückgegriffen haben. Und überlegen Sie auch, wie Sie sich in Zukunft Ihrem Kind gegenüber weniger durchgreifend verhalten können.
- *Ablehnung und Strafe, unterer Wertebereich (8 Punkte)*: Wenn Ihre persönliche Punktezahl den Wert 8 ergibt, heißt dies, dass Sie alle acht Aussagen, die sich auf körperliche Strafen oder anderweitig demütigendes Verhalten Ihrem Kind gegenüber beziehen, mit «nein» oder «niemals» beantwortet haben. Wenn die Angaben, die Sie gemacht haben, Ihre Erziehungswirklichkeit korrekt widerspiegeln, tragen Sie mit Entschiedenheit dazu bei, dass ein wesentlicher Risikofaktor für die Entwicklung von Kindern, nämlich die Erfahrung von physischer und psychischer elterlicher Gewalt, in Ihrem Fall kein Thema ist.
- *Ablehnung und Strafe, oberer Wertebereich (13–32 Punkte)*. Mit Ihrer persönlichen Punktezahl bringen Sie zum Ausdruck, dass Sie zumindest gelegentlich auf massive Formen der Disziplinierung Ihres Kindes zurückgreifen. Dies ist umso bedenklicher, je höher Ihre persönliche Punktezahl ausfällt. So wichtig es auch ist, dass Sie sich selbst gegenüber freimütig Ihr Verhalten in diesem Bereich zugeben, so wichtig ist es auch, dass Sie entschieden etwas dafür tun, um in Ihrem Erziehungsalltag andere und weniger drastische Disziplinierungsmaßnahmen anzuwenden. Bei einer deutlich erhöhten persönlichen Punktezahl, empfehlen wir Ihnen, über diesen DVD-Elterncoach hinaus auch eine professionelle Beratung in Anspruch zu nehmen.

Wir wenden uns nun dem Verhaltensaspekt «Emotionale Wärme» zu und gehen auch hier mit ein paar kurzen Kommentaren auf die drei Wertebereiche ein.

- *Emotionale Wärme, mittlerer Wertebereich (24–30 Punkte)*: Mit Ihren Angaben machen Sie deutlich, dass Ihnen Ihr Kind sehr am Herzen liegt. Sie lassen Ihr Kind spüren, dass Sie es gern haben. Wenn nötig trösten Sie Ihr Kind und unterstützen es, wenn es mit etwas nicht zurecht kommt. Insgesamt beruht also die Beziehung zu Ihrem Kind auf einem satten Polster von Zuneigung und

Herzlichkeit, womit sie immer wieder von neuem ein starkes Fundament für eine positive Entwicklung Ihres Kindes schaffen.

- *Emotionale Wärme, unterer Werbebereich (8–23 Punkte)*: Es fällt Ihnen nicht so leicht, im Kontakt mit Ihrem Kind vorbehaltlos eine gefühlsmäßige Nähe herzustellen – und dies umso mehr, je niedriger Ihre persönliche Punktezahl ausfällt. Die Gründe hierfür können vielfältig sein. Wir empfehlen Ihnen zunächst, noch einmal im Einzelnen die Aussagen durchzugehen, die zu diesem Verhaltensbereich gehören. Versuchen Sie herauszufinden, ob Sie durchgängig niedrige Werte angekreuzt haben oder nur bei der einen oder anderen Aussage. Vielleicht gehören Sie ja zu den Menschen, die ganz allgemein gefühlsmäßig wenig aus sich herausgehen. Oder es gibt besondere Situationen, in denen Sie Ihrem Kind gegenüber eher zurückhaltend sind. Wo immer auch die Gründe für eine gewisse emotionale Distanz liegen, eines ist sicher: Wenn es Ihnen wichtig ist, Ihr Verhalten zu ändern, gibt es auch Wege, die dies möglich machen.

- *Emotionale Wärme, oberer Wertebereich (31–32 Punkte)*: Sie gehören zu der Gruppe von Eltern, denen in einer ganz besonderen Weise daran gelegen ist, mit Ihrem Kind in einer engen emotionalen Beziehung zu leben. Und Sie geben dies auch in allen möglichen Situationen zu erkennen. Stellt sich die Frage, ob es auch zu viel des Guten geben kann, z. B. indem Sie Ihr Kind vergöttern und ihm alles durchgehen lassen. Um dies zu klären, empfehlen wir Ihnen, noch einmal einen Blick auf die Ergebnisse zu werfen, die Sie in dem Selbsttest «Erziehungsgrundsätze» erzielt haben. Achten Sie dabei vor allem auf Ihre persönliche Punktezahl bezüglich eines «permissiven» bzw. «autoritativen» Erziehungsstils.

Es folgen nun noch einige Kommentare zu den verschiedenen Wertebereichen, die sich auf den Verhaltensaspekt «Kontrolle und Überbehütung» beziehen.

- *Kontrolle und Überbehütung, mittlerer Wertebereich (11–15 Punkte)*: Ihre persönliche Punktezahl liegt in einem Bereich, in dem Sie zumindest gelegentlich bzw. in bestimmten Situationen versuchen, Ihr Kind besser «im Griff» zu haben – sei es, dass Sie dabei bestimmte Leistungsziele im Auge haben oder dass Sie befürchten, Ihr Kind könne auf irgendeine Weise Schaden nehmen. Solange dies nicht überhand nimmt, entspringt Ihr Verhalten einer nachvollziehbaren Sorge um das Wohlergehen Ihres Kindes. Insofern ist es eine ganz «normale» elterliche Reaktion, wenn Sie durch eine gesunde Dosis an Kontrolle zu erkennen geben, dass Sie sich um Ihr Kind kümmern. Prüfen Sie aber trotzdem noch einmal mit einem Blick auf die einzelnen Aussagen, ob Sie in jedem Fall Ihre Dosis an Kontrolle für angemessen halten.

- *Kontrolle und Überbehütung, unterer Wertebereich (8–10 Punkte)*: Es liegt Ihnen weitgehend fern, zu überprüfen, was Ihr Kind tut und lässt. Womöglich haben Sie die Erfahrung gemacht, dass Ihr Kind in aller Regel Ihr Vertrauen rechtfertigt. Vielleicht sind Sie auch davon überzeugt, dass Ihr Kind genügend Fähigkeiten hat, um schwierige Situationen selbst zu meistern, so dass Sie sich keine Sorgen machen müssen. Es kann aber auch sein, dass Sie Ihrem Kind gegenüber einfach nicht «penetrant» sein wollen. In diesem Fall sollten Sie sich vor Augen führen, dass Ihr Kind bisweilen auch eine Orientierungshilfe durch Sie braucht. Wir empfehlen, dass Sie zu diesem Thema noch einmal Ihre persönlichen Punktezahlen nachschlagen, die Sie in den beiden Selbsttests «Erziehungswerte» und «Erziehungsgrundsätze» erzielt haben. Achten Sie dabei vor allem auf die Aspekte «Individualität» und «autoritativer Erziehungsstil».

- *Kontrolle und Überbehütung, oberer Wertebereich (16–32 Punkte)*: Ihre persönliche Punktezahl spricht dafür, dass Sie eher nach der Maxime handeln «Vertrauen ist gut, Kontrolle ist besser» – und zwar umso mehr, je näher Sie an der maximalen Punktezahl liegen. Die Motive dafür können unterschiedlich sein. Klären Sie daher für sich, ob sich Ihr Kontrollbedürfnis eher auf die Leistungen Ihres Kindes bezieht oder ob Sie eine ausgeprägte Sorge haben, dass Ihr Kind ungute Erfahrungen machen könnte. Klären Sie auch, ob Sie auf bestimmte Kontrolltechniken zurückgreifen, z. B. indem Sie auf Ihr Kind psychischen Druck ausüben. In jedem Fall sollten Sie sich die Frage stellen, welche Konsequenzen es für Ihr Kind (und auch für Sie selbst) auf die Dauer hat, wenn Sie viel Energie darauf verwenden, Ihr Kind zu überwachen und in sein Leben einzugreifen.

Nachdem Sie nun für sich etwas genauer Ihre Erziehungs*haltung* bzw. Ihr Erziehungs*verhalten* geklärt haben, kehren wir noch einmal zu den drei zentralen Merkmalen von «Freiheit in Grenzen» zurück und stellen die Frage, was damit im Einzelnen gemeint ist (siehe **Abbildung 2**).

«Elterliche Wertschätzung» äußert sich darin, dass Eltern

- die Einmaligkeit und Besonderheit ihrer Kinder anerkennen;
- ihre Kinder in allen Situationen respektvoll behandeln;
- ihre Kinder unterstützen und ihnen helfen, wann immer sie das brauchen;
- sich freuen, mit ihren Kindern zusammen zu sein und gemeinsame Aktivitäten genießen.

«Fordern und Grenzensetzen» bedeutet, dass Eltern

- ihren Kindern etwas zutrauen und Forderungen stellen, die ihre Entwicklung voranbringen;
- Konflikte mit ihren Kindern nicht scheuen, aber konstruktiv austragen;
- gegenüber ihren Kindern eigene Meinungen haben und diese überzeugend vertreten;
- klare, dem Entwicklungsstand ihrer Kinder angemessene Grenzen setzen und auf deren Einhaltung bestehen.

«Gewähren und Fördern von Eigenständigkeit» heißt für die Eltern, dass sie

- ihre Kinder mit ihren Bedürfnissen und Ansichten ernst nehmen;
- prinzipiell gesprächs- und kompromissbereit sind;
- ihren Kindern ein Optimum an eigenen Entscheidungen ermöglichen und dadurch ihre Entscheidungsfähigkeit und Selbstverantwortlichkeit stärken;
- ihren Kindern Möglichkeiten eröffnen, um eigene Erfahrungen zu sammeln.

An dieser Stelle möchten wir Sie dazu einladen, anhand der folgenden Leitfragen zu reflektieren, inwieweit Sie in Ihrem bisherigen Leben selbst Erfahrungen mit Wertschätzung, Grenzen setzen und testen bzw. im Erleben von Eigenständigkeit gemacht haben (**Reflexionsübung 1: Wertschätzung; Reflexionsübung 2: Grenzen; Reflexionsübung 3: Eigenständigkeit**).

Reflexionsübung 1: Wertschätzung

«Wo habe ich als Jugendlicher Wertschätzung erfahren?»

_____

_____

_____

_____

_____

_____

_____

_____

_____

_____

_____

«Wo erfahre ich heute Wertschätzung?»

_____

_____

_____

_____

_____

_____

_____

_____

_____

_____

_____

_____

_____

Reflexionsübung 2: Grenzen

«Welche Grenzen wurden mir als Jugendlicher gesetzt – wie habe ich sie getestet?»

_____

_____

_____

_____

_____

_____

_____

_____

_____

_____

_____

«Welche Grenzen erlebe ich heute – teste/überschreite ich sie gelegentlich?»

_____

_____

_____

_____

_____

_____

_____

_____

_____

_____

Reflexionsübung 3: Eigenständigkeit

«Wie habe ich als Jugendlicher Eigenständigkeit gelernt?»

_____

_____

_____

_____

_____

_____

_____

_____

_____

_____

_____

_____

«Wie lebe ich meine Eigenständigkeit heute?»

_____

_____

_____

_____

_____

_____

_____

_____

_____

_____

_____

_____

Nun haben Sie schon etwas genauer kennen gelernt, was unter dem Erziehungskonzept «Freiheit in Grenzen» zu verstehen ist. In wesentlichen Punkten entspricht dieses Konzept den Vorstellungen von Erziehung, die im Fachjargon nach einem Vorschlag der amerikanischen Psychologin Diana Baumrind (1971) als «autoritative Erziehung» bezeichnet wird. Jahrzehntelang haben einschlägige Untersuchungen immer wieder gezeigt, dass dieses Erziehungskonzept vor allem für den westlichen Kulturkreis am ehesten geeignet ist, dass Kinder und Jugendliche sich – wie es im § 1 des deutschen Kinder- und Jugendhilfegesetzes gefordert wird – zu «eigenverantwortlichen und gemeinschaftsfähigen Persönlichkeiten» entwickeln (Bundesministerium für Familie, Senioren, Frauen und Jugend, 1995).

Es gibt aber auch das Erziehungskonzept «Grenzen ohne Freiheit», das für eine *autoritäre Erziehung* steht. Dies besagt, dass Eltern zu ihren Kindern eine wenig liebevolle und eher distanzierte Beziehung haben, dass sie von ihren Kindern viel fordern und ihnen in dem, was sie tun, enge und starre Grenzen setzen, und dass sie ihnen wenig Spielraum für eigene Entscheidungen und eigenständiges Handeln ermöglichen.

Schließlich sei auch noch das Erziehungskonzept «Freiheit ohne Grenzen» erwähnt, das in den beiden Varianten einer nachgiebigen und vernachlässigenden Erziehung vorkommt. *Nachgiebige Eltern* lassen ihren Kindern ein Übermaß an Zärtlichkeit und Verwöhnung zukommen, zugleich fordern sie aber auch wenig von ihnen und lassen ihnen vieles durchgehen, womit sie eine selbstverantwortliche Entwicklung ihrer Kinder untergraben. Hingegen sind *vernachlässigende Eltern* daran zu erkennen, dass sie weder eine liebevolle Beziehung zu ihren Kindern haben, noch sich um deren physisches und psychisches Wohlbefinden kümmern, und schließlich ihnen auch keine Orientierung für eine eigenständige und werteorientierte Weiterentwicklung geben.

Eine kompakte Zusammenfassung der drei Erziehungskonzepte und ihrer Spielarten vermittelt die **Abbildung 3**.

Dabei ist wichtig, dass sich alle drei Erziehungskonzepte als *Prototypen* hinsichtlich der Ausprägung der zentralen Merkmale «elterliche Wertschätzung», «Fordern und Grenzensetzen» sowie «Gewähren und Fördern von Eigenständigkeit» verstehen. Die in Abbildung 3 dargestellten beweglichen Scharniere zwischen diesen drei Merkmalen sollen veranschaulichen, dass es jeweils auch eine mehr oder weniger ausgeprägte Dosis an Einflüssen der einzelnen Merkmale geben kann – je nachdem, wie es die Situation gerade erfordert.

Hinzu kommt, dass es auch *Mischformen* zwischen den drei Erziehungsprinzipien gibt – so z. B. zwischen dem «Freiheit ohne Grenzen»- und dem «Grenzen ohne Freiheit»- Prinzip. Eine häufige Variante besteht z. B. darin, dass Eltern, die zu einem nachgiebigen Erziehungsverhalten neigen, in herausfordernden Situationen mit ihren Kindern letztlich resignieren und ihnen das letzte Wort überlassen. In manchen Fällen aber, wenn sich viel Ärger, Frust und Ohmacht darüber angesammelt hat, dass die Kinder einfach nicht tun, was man ihnen sagt oder was von ihnen erwartet wird, schlägt das nachsichtige Elternverhalten plötzlich in autoritäres Verhalten um. Was folgt, sind herabsetzende, möglicherweise unkon-

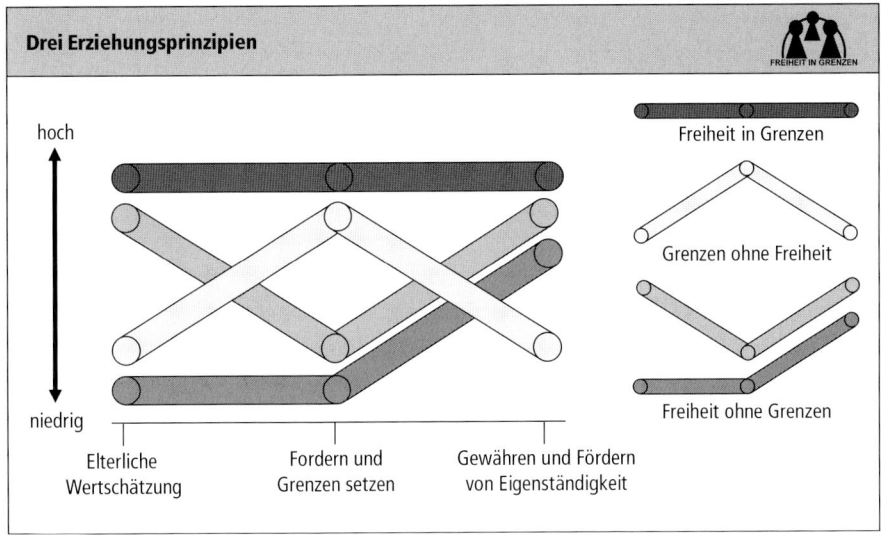

Abbildung 3: Drei Erziehungsprinzipien

trollierte Beschimpfungen und vielleicht auch körperliche Bestrafungen. Nicht selten sind solche Eltern im Nachhinein über ihre Entgleisungen entsetzt und entwickeln gegenüber ihren Kindern Schuldgefühle, was wiederum dazu führt, dass sie in der Folgezeit besonders nachsichtig mit ihnen umgehen. Und zwar so lange, bis das Fass erneut zum Überlaufen kommt und dieser besondere «Familientanz» von Neuem beginnt.

Insofern ist eine grundsätzliche Orientierung an dem Erziehungsprinzip «Freiheit in Grenzen» mit seinen zentralen Merkmalen und deren Kriterien besonders hilfreich – selbst wenn es gelegentlich mal zu einem «Ausrutscher» kommen sollte. Wirksam können die Kriterien des Erziehungsprinzips «Freiheit in Grenzen» allerdings nur werden, wenn die Eltern etwas tun, was ihnen niemand abnehmen kann: Sie müssen sich entscheiden – und zwar in dreierlei Hinsicht.

Erstens: Sie müssen – wie in dem obigen Selbsttest «Was ist Ihnen in der Kindererziehung wichtig?» – für sich selbst klären, welche Erziehungs- und Entwicklungsziele ihnen wichtig sind. Oder konkreter, um das bereits erwähnte Tischabräumen-Beispiel noch einmal aufzugreifen: wollen sie *ernsthaft* etwas dafür tun, dass ihre Kinder sich zu gemeinschaftsfähigen Personen entwickeln?

Zweitens: Sie müssen für sich entscheiden, ob und wie sie für das genannte Beispiel das Ziel, ihre Kinder zur Gemeinschaftsfähigkeit zu erziehen, auch tatsächlich im alltäglichen Umgang mit ihnen *umsetzen* wollen – z. B. indem sie (Stichwort «Tisch abräumen») mit ihren Kindern Vereinbarungen über ihre Beteiligung an den Aufgaben im Haushalt treffen.

Drittens: Sie müssen für sich entscheiden, ob sie auch nach den Kriterien einer «guten» Erziehung *handeln* wollen und es dann auch wirklich *tun.* Vor allem dann, wenn die Dinge nicht so glatt laufen – z. B. wenn das Versprechen der Kinder, beim Tischabräumen zu helfen, nicht eingehalten wird.

Prinzipiell können sich Eltern also für oder gegen eine bestimmte Art von Erziehung entscheiden. Es kommt aber noch etwas Wichtiges hinzu: Wie bereits erwähnt, sind auch Eltern «eigenwillige» Wesen und wollen sich nicht von jedermann sagen lassen, wie sie ihre Kinder zu erziehen haben. Aus diesem Grund wird mit dem interaktiven DVD-Elterncoach, den wir mit diesem Buch vorstellen, schon gar nicht erst der Versuch unternommen, den sprichwörtlichen «pädagogischen Zeigefinger» zu erheben. Vielmehr ist alles, was auf der DVD zu sehen, zu hören und zu lesen ist, als ein Angebot zu verstehen. Ein Angebot, das zum Nachdenken über «gute» und «weniger gute» Erziehung anregen soll. Und ein Angebot, aus dem vielfach bewährten Werkzeugkasten «guter» Erziehung die Werkzeuge auszuwählen (und vielleicht auch auszuprobieren), die für das eigene Erziehungskonzept passen. Im folgenden Kapitel wollen wir nun – verbunden mit einigen grundsätzlichen Informationen – einen etwas genaueren Blick in diesen Werkzeugkasten werfen.

4 Wege zu einer werte- und wachstumsorientierten Erziehung

In diesem Kapitel wollen wir uns zunächst mit einer These beschäftigen, die von manchen Experten wie von Eltern gleichermaßen vorgebracht wird – der These nämlich, dass Eltern in Wirklichkeit keinen entscheidenden Einfluss auf die Entwicklung ihrer Kinder haben und deswegen in Erziehungsfragen ohnmächtig sind. Im Anschluss daran wollen wir klären, was es eigentlich heißt, Eltern zu sein. Dann wenden wir uns den unterschiedlichen Aufgaben von Eltern zu, die sich nicht nur in der Erzieherrolle im engeren Sinne erschöpfen. In einem weiteren Abschnitt greifen wir noch einmal das Thema «Erziehungswerte» auf und gehen der Frage nach, was es heißt, wenn Eltern für ihre Kinder «nur das Beste» wollen. Schließlich stellen wir eine Reihe wichtiger Methoden vor, die Eltern dabei helfen können, herausfordernde «Familientänze» zu beenden.

4.1 Ohnmacht der Eltern – stimmt das?

Im Jahre 1995 veröffentlichte die Psychologin Judith Rich Harris in einer angesehenen amerikanischen Fachzeitschrift einen Artikel, der wie folgt beginnt: «Haben Eltern irgendeine Langzeitwirkung auf die Persönlichkeitsentwicklung ihres Kindes? Dieser Artikel prüft alle Argumente und kommt zu dem Schluss, dass die Antwort lautet: Nein.» 1998 hatte Harris diesen Artikel zu einem Buch erweitert, das in den USA zu einem Bestseller wurde. Im März 2000 wurde eine deutsche Übersetzung dieses Buches unter dem Titel «Ist Erziehung sinnlos?» veröffentlicht, wobei im Untertitel sogleich die Antwort auf diese Frage gegeben wird: «Die Ohnmacht der Eltern» – und zwar ohne Fragezeichen. Auf 610 Seiten entwickelt die Autorin ihre These, dass die beobachtbaren Persönlichkeitsunterschiede von Kindern im Wesentlichen auf zwei Einflussgrößen zurückzuführen sind, nämlich einerseits auf die genetische Ausstattung der Kinder und andererseits auf ihre Erfahrungen in der Gleichaltrigengruppe. Eltern spielen dabei keine Rolle, wenn man einmal davon absieht, dass sie im Falle einer leiblichen Elternschaft den Genotyp des Kindes bestimmen.

Nun ist die These von der genetischen Bestimmtheit menschlicher Verhaltensunterschiede nicht neu. So hat zuvor schon z. B. die amerikanische Verhaltensgenetikerin Sandra Scarr (1992, S. 10) behauptet, dass «elterliche *Unterschiede* hinsichtlich ihres Erziehungsstils, ihrer sozialen Schichtzugehörigkeit und ihres Einkommens geringe Effekte auf messbare *Unterschiede* in der Intelligenz, den Interessen und der Persönlichkeit bei ihren Kindern haben» (Hervorhebungen im Original). Dabei hatte sie allerdings auch hinzugefügt, dass dies nur zuträfe, wenn die kindliche Entwicklung in speziestypisch «durchschnittlich erwartbaren Umwelten» stattfinde, ohne freilich zu präzisieren, was dies genau bedeutet. Auch eine Reihe weiterer Verhaltensgenetiker hat sich der These von der weitgehend genetischen Determiniertheit menschlicher Verhaltensunterschiede angeschlossen (z. B. Rowe, 1994 [deutsch 1997]; Cohen, 1999), wenngleich andere Experten auf diesem Gebiet durchaus eine differenziertere Haltung zu dieser Thematik einnehmen (vgl. z. B. Amelang, 2000; Bronfenbrenner, 2005; Collins und Koautoren, 2000; Maccoby, 2002; Neyer & Spinath, 2008).

Dass genetische Einflüsse in den Ansatz zur Erklärung von Unterschieden zwischen einzelnen Personen im Bereich kognitiven, emotionalen und sozialen Verhaltens mit einbezogen werden müssen, wird heutzutage auch von hart gesottenen Milieutheoretikern nicht mehr geleugnet. Selbst wenn man unterstellt, dass die Unterschiedlichkeit menschlichen Verhaltens zu etwa 50 % auf genetische Einflüsse zurückzuführen ist – eine Annahme, die in etwa den Schätzungen der modernen Verhaltensgenetik entspricht –, so ergibt sich immer noch eine erhebliche Variationsbreite für umweltbedingte Einflüsse. Für die Intelligenz z. B. umfasst diese Variationsbreite eine Spanne von mehr als 40 IQ-Punkten (vgl. Asendorpf, 1994). Ähnliches gilt auch für sozio-emotionale Merkmale wie Ängstlichkeit, Geselligkeit oder Aggressivität. Man gewinnt somit den Eindruck, dass die von Harris vorgetragene These von der «Ohnmacht der Eltern» vor allem der Entlastung der Eltern dient – insbesondere bei solchen Eltern, die im Umgang mit ihren Kindern Schwierigkeiten haben.

Allerdings würde man es sich zu leicht machen, wenn man mit dem Verweis auf genetische Argumente die angeblich ohnmächtigen Eltern aus ihrer Erziehungsverantwortung entlassen würde. Ohnmachtsgefühle haben nicht unbedingt etwas mit einem Mangel an faktisch bestehenden Einflussmöglichkeiten zu tun. Sie können auch darauf beruhen, dass durchaus bestehende Einflussmöglichkeiten nicht in angemessener Weise genutzt werden. Sind die Vertreter des genetisch untermauerten Ohnmachtsstandpunkts wirklich der Auffassung, dass Eltern z. B. auf die Förderung der Leistungsbereitschaft ihrer Kinder genauso wenig Einfluss haben wie auf das Eindämmen unkontrollierter Aggressivität? Die meisten Eltern wissen sehr wohl, wenn auch bisweilen nur vage, dass sie auf die Entwicklung ihrer Kinder Einfluss nehmen können – und zwar durchaus unter Berücksichtigung der Besonderheiten und auch «Eigenwilligkeiten» ihrer Kinder. Freilich fehlt es Eltern nicht selten an einem konkreten Wissen, welche Optionen bestehen, um die positive Persönlichkeitsentwicklung ihrer Kinder voranzubringen, und mehr noch an den entsprechenden Fähigkeiten, dieses Wissen in konkreten Situationen in erzieherisches Handeln umzusetzen.

Es lohnt sich also, jenseits aller genetischen Unterschiedlichkeit dem nachzuspüren, was Eltern, die in der Regel für ihre Kinder ja «nur das Beste» wollen, tatsächlich tun. Vor allem aber, was sie tun können, um bei ihren Kindern «das Beste» zur Entfaltung zu bringen. Bevor wir uns dieser Frage zuwenden, wollen wir uns zunächst noch Klarheit über einige grundlegende Funktionen elterlicher Erziehung verschaffen.

4.2
Eltern sein heißt nicht nur Erziehen

Trotz eines von vielen Seiten diagnostizierten Funktionsverlusts der Familie besteht nach wie vor Einigkeit darüber, dass die Erziehung und Sozialisation ihrer Kinder zu den wichtigsten Aufgaben von Eltern gehört – eine Aufgabe, die der Pädagoge Jürgen Oelkers (2005, S. 97) in seltener Kürze als «den ständigen Versuch» bezeichnet, «Alltag mit Kindern zu deren Nutzen zu gestalten». Der Sozialwissenschaftler Bernhard Schäfers (1995) spricht in diesem Zusammenhang sogar von der «Zentralfunktion» der Familie als einer gesellschaftlichen Institution. Von dem Soziologen Kurt Lüscher (1989, S. 101 ff) stammt die hilfreiche Unterscheidung zwischen familialen Aufgaben und Leistungen. Als zentrale *Aufgabe* von Familie betrachtet er in diesem Zusammenhang die Gestaltung einer «Lebensform für verlässliche Beziehungen zwischen den Generationen und Geschlechtern», die – vermittelt durch Tätigkeiten wie «Haushalten, Wohnen, Pflegen, Erziehen, interne und externe Beziehungen» – zu zwei miteinander verknüpften *Leistungen* führen soll, nämlich der Herausbildung von «individueller und kollektiver Identität».

Unterstellt man, dass der Mensch als biopsychosoziale Einheit vor allem in seiner frühen Entwicklungsphase auf schützende und pflegende Beziehungen angewiesen ist, wird die Bedeutung dessen, was gewöhnlich unter dem Begriff «Sozialisation» beschrieben wird, in besonderer Weise sichtbar. Klaus Hurrelmann und Dieter Ulich (1991, S. 6 ff.) definieren Sozialisation als «Mitglied-*Werden* in einer Gesellschaft» (Hervorhebung im Original). Gemeint ist damit ein Vorgang, der seitens des Individuums in aktiver Auseinandersetzung mit sich und seiner Umwelt durch eine Fülle von Lern- und Erfahrungsprozessen gekennzeichnet ist. In aller Regel beginnt dieser Prozess des Mitglied-Werdens in der Familie – dies in einer Weise, dass zunächst vornehmlich außenbestimmte Sozialisationseinflüsse zunehmend verinnerlicht werden und die Basis für eine sich stetig erweiternde *Selbstsozialisation* abgeben.

Während familiale Sozialisationsprozesse für die einzelnen Mitglieder eines Familiensystems vielfältige, auch unbeabsichtigte Lernerfahrungen im Umgang mit ihrer sozio-materiellen Umwelt umfassen, bezieht sich der Begriff der «Erziehung» im Kontext der Familie auf absichtsvolle und zielgerichtete Handlungen. Sie werden in der Regel von Seiten der Eltern (bisweilen aber auch von anderen Familienmitgliedern wie Geschwistern oder Großeltern) geäußert, um beim Kind die Aneignung wünschenswerter und die Verhinderung unerwünschter Erfahrungs- bzw. Verhaltensmuster zu bewirken (vgl. Brezinka, 1989). Mit zunehmendem Erfahrungserwerb und wachsender Handlungsfähigkeit gehen – ähnlich wie beim Sozialisationsprozess – die von außen an das Kind herangetragenen Bemühungen, seine Persönlichkeitsentwicklung zu beeinflussen, in einen Prozess der *Selbsterziehung* über. Mit anderen Worten: Die Selbststeuerung des Kindes im Sinne selbst initiierter Zielsetzungen und entsprechender Handlungsbemühungen in unterschiedlichen Lebensbereichen nimmt im Laufe seiner Entwicklung mehr und mehr zu. Der zunächst von außen, später zunehmend von innen gesteuerte Prozess der Selbsterziehung führt letztlich – je nachdem, wie erfolgreich dieser Prozess verlaufen ist – zu einer mehr oder minder starken Ausprägung von Selbstverantwortlichkeit als Grundvoraussetzung für eine eigenständige Lebensführung (vgl. Schneewind, 2008b).

Vor dem Hintergrund dieser knappen Kennzeichnung familialer Sozialisations- und Erziehungsprozesse sollen nun in Anlehnung an die amerikanischen Psychologen Ross Parke und Raymond Buriel (2006) drei zentrale Funktionen von Eltern im Umgang mit ihren Kindern etwas näher beleuchtet werden. In **Abbildung 4** findet sich eine Veranschaulichung dieser drei Elternfunktionen im Hinblick auf kindliche Sozialisationseffekte.

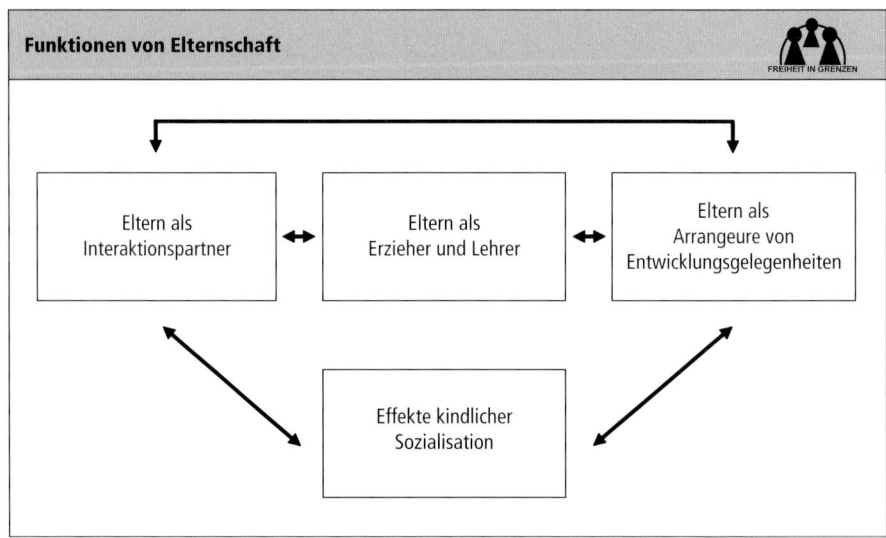

Abbildung 4: Funktionen von Elternschaft

Die in Abbildung 4 dargestellten drei Elternfunktionen stehen sowohl untereinander als auch hinsichtlich der Effekte, die sie bei ihren Kindern erzeugen, in einem Wechselbeziehungsverhältnis.

Eltern als Interaktionspartner

In erster Linie sind die Eltern für ihre Kinder Interaktionspartner. Durch die Art, wie Eltern auf ihre Kinder eingehen und mit ihnen umgehen, nehmen sie schon früh Einfluss auf die Qualität kindlicher Bindungserfahrungen, in denen wechselseitige Beziehungsmuster zwischen Elternperson und Kind erkennbar werden. In Abbildung 4 wird dieses reziproke Beziehungssystem durch einen Doppelpfeil symbolisiert.

In der gegenwärtig hoch im Kurs stehenden Bindungsforschung (vgl. Grossmann & Grossmann, 2004), die auf den englischen Kinderpsychiater John Bowlby (1969) zurückgeht, hat sich für die Etablierung einer sicheren Bindung des Kindes an seine primären Bezugspersonen – in den meisten Fällen sind dies die Eltern – eine Reihe von Charakteristika des elterlichen Interaktionsverhaltens ergeben. Hierzu gehören u. a. folgende sechs Kriterien:

- *Sensitivität*, d. h. das prompte und angemessene Reagieren auf kindliche Signale;
- *positive Haltung*, d. h. die Äußerung von positiven Gefühlen und Zuneigung gegenüber dem Kind;
- *Synchronisation*, d. h. die sanfte Abstimmung von Interaktionsabläufen im Zusammensein mit dem Kind;
- *Wechselseitigkeit*, d. h. die Gestaltung von Interaktionen, in denen sich Elternperson und Kind auf denselben Gegenstand beziehen;
- *Unterstützung*, d. h. eine aufmerksame Zuwendung und emotionale Hilfestellung bei kindlichen Aktivitäten;
- *Stimulation*, d. h. eine häufige Interaktionsaufnahme mit dem Kind (vgl. De Wolff & van Ijzendoorn, 1997).

Es sind dies Kennzeichen des elterlichen Interaktionsverhaltens, die in der frühen Entwicklung des Kindes zu engen affektiven Bindungen zwischen Elternperson und Kind führen, so dass die Kinder mit hoher Wahrscheinlichkeit eine sichere Bindung entwickeln. Dieses «affektive Band» soll dem menschlichen Säugling zum einen Schutz vor lebensbedrohlichen Beeinträchtigungen und sonstigen Widrigkeiten bieten, auf die er wegen seines noch nicht ausgebildeten Repertoires an Bewältigungsmöglichkeiten nicht angemessen reagieren kann. Zum anderen soll die affektive Bindung an eine oder mehrere Pflegepersonen eine möglichst sichere Basis für die Erkundung und schrittweise Eroberung der Welt darstellen. Es werden damit theoretisch zwei miteinander verschränkte Motivations- und Verhaltenssysteme unterstellt, die einerseits einem Bedürfnis nach Bindung oder Bezogenheit und andererseits einem Bedürfnis nach Autonomie im Sinne einer eigenständigen Weltaneignung entspringen.

In der bisherigen Forschung haben sich vor allem vier verschiedene Bindungsstile herausgeschält. Es wird dabei zwischen einem sicheren, vermeidenden, ängstlich-ambivalenten und desorganisierten Bindungsstil unterschieden. Für diese vier Bindungsstile hat sich gezeigt, dass die zentralen Bezugspersonen – in der Regel sind es zunächst vor allem die Mütter – ein jeweils charakteristisches Pflege- und Erziehungsverhalten zeigen:

- Mütter *sicher gebundener Kinder* zeichnen sich vornehmlich durch ein hohes Maß der oben bereits genannten Merkmale wie Sensitivität, positive Haltung etc. aus.
- Mütter von Kindern mit einem *vermeidenden Bindungsverhalten* tendieren hingegen dazu, sich eher abweisend, starr, kontaktunfreudig, unfreundlich und feindselig zu verhalten.
- Mütter von Kindern mit einem *ängstlich-ambivalenten Bindungsstil* erweisen sich als wenig einfühlsam und sind zugleich aufdringlich und inkonsistent in ihrem Verhalten.
- Für den *desorganisierten Bindungsstil* werden auf der Elternseite unverarbeitete Traumatisierungen (z. B. aufgrund von Verlust- oder Misshandlungserfahrungen) vermutet, was sich u. a. in starken Affektschwankungen im Verhältnis zum Kind niederschlägt (vgl. zusammenfassend hierzu Gloger-Tippelt, 2000).

Die Qualität der Bindungserfahrungen bestimmt entscheidend die Ausgestaltung des *internen Arbeitsmodells* beim heranwachsenden Kind. Interne Arbeitsmodelle sind gewissermaßen personintern repräsentierte Abbilder spezifischer Bindungserfahrungen. Sie schlagen sich nieder in affektiv getönten Vorstellungen über sich selbst und wichtige Bezugspersonen, die sich aufgrund der Interaktion mit diesen Personen ergeben. Je nachdem welche Bindungserfahrungen gemacht werden, entwickeln sich unterschiedliche mentale Repräsentationen vom Selbst und von der Bezugsperson. Es wird angenommen, dass diese mentalen Repräsentationen oder internen Arbeitsmodelle in einer lebenslangen Perspektive die Selbst- und Beziehungsentwicklung einer Person mehr oder minder entscheidend mit beeinflussen.

Darüber hinaus konnte in einer Reihe von Längsschnittstudien nachgewiesen werden, dass der ausgebildete Bindungsstil bis zu einem gewissen Grad auch die Art der Sozialbeziehungen in anderen Kontexten (z. B. im Kindergarten und in der Schule) und die Entwicklung individueller Differenzen hinsichtlich einer Reihe von Persönlichkeitsmerkmalen (z. B. Selbstvertrauen, soziale Kompetenz, emotionales Wohlbefinden) vorherzusagen vermag (vgl. Grossmann & Grossmann, 2004).

All diese Befunde haben dazu geführt, das Konzept des «attachment parenting» (zu deutsch etwa: bindungsförderndes Elternverhalten) zu propagieren (vgl. Sears & Sears, 1995). Vor allem in den ersten eineinhalb Jahren soll durch *bindungsförderndes Elternverhalten* eine positive emotionale Beziehungsgrundlage für die weitere kindliche Entwicklung gelegt werden. Zu berücksichtigen ist dabei freilich, dass einerseits auf die Qualität des elterlichen Interaktionsverhaltens eine Fülle moderierender Einflüsse einwirkt, zu denen neben kindlichen Temperamentsmerkmalen auch Kontextfaktoren wie Armut, eine belastete Elternpersönlichkeit und dysfunktionale Paarbeziehungen gehören (vgl. NICHD Early Child Care Research Network, 2005). Darüber hinaus sind frühe Eltern-Kind-Beziehungen, die auf eine sichere Bindung hinweisen, auch wenn sie eine gute Basis für eine positiv verlaufende Selbstsozialisation und -entwicklung darstellen, kein Garant für eine lebenslang anhaltende sichere Bindungsorientierung und auch nicht für eine positiv verlaufende Persönlichkeitsentwicklung der Kinder. Im weiteren Verlauf der kindlichen Entwicklung bedarf es einer Reihe zusätzlicher elterlicher Kompetenzen, auf die wir weiter unten noch ausführlicher zu sprechen kommen.

Eltern als Erzieher und Lehrer

Während Eltern als Interaktionspartner im Umgang mit ihren Kindern häufig keine ausdrücklichen erzieherischen Absichten mit ihrem Verhalten verbinden, ist dies anders, wenn sie explizit eine Erzieher- bzw. Lehrerrolle einnehmen. Vielleicht wollen Sie sich – bevor Sie weiter lesen – noch einmal Ihre Ergebnisse der drei Selbsttests zu den Themen «Erziehungswerte» (S. 21 ff.), «Erziehungsgrundsätze» (S. 27 ff.) und «Erziehungsverhalten» (S. 34 ff.) vergegenwärtigen.

Allgemein gesprochen greifen Eltern, wenn Sie sich in der Erzieher- oder Lehrerrolle befinden, auf bestimmte Handlungen zurück, von denen sie mehr oder minder überzeugt sind, dass sie im Hinblick auf ihre Erziehungs- und Bildungsabsichten zielführend sind. Die elterlichen Ziele können sich u. a. auf folgende Aspekte beziehen:

- das Äußern oder Unterlassen konkreter kindlicher *Verhaltensweisen* (z. B. wenn es um einigermaßen erträgliche Tischmanieren oder um körperliche Aggressionen geht);
- die Ausbildung erwünschter bzw. die Unterdrückung unerwünschter *Fähigkeiten und Eigenschaften* (z. B. die Kultivierung von Intelligenz und Kreativität oder das Nicht-Zulassen von Überheblichkeit und sozialer Gleichgültigkeit);
- die Verinnerlichung bestimmter *Normen und Werthaltungen* (z. B. die Orientierung an demokratischen Regeln des Miteinander-Umgehens oder die Befolgung grundlegender Prinzipien moralischen Urteilens und Handelns).

Dabei benutzen Eltern eine Vielfalt von «Methoden», um die Ziele, die ihnen im Hinblick auf das Verhalten und die Entwicklung ihrer Kinder wichtig sind, zu erreichen. Diese umfassen Maßnahmen,

- die bei ihren Kindern bestimmte Handlungen und Entwicklungseffekte *initiieren* sollen (z. B. Anregen, Zeigen, Überzeugen, Überreden, Vormachen),
- die diese initiierten Prozesse *begleiten* sollen (z. B. Unterstützen, Mitmachen, Erklären, In-Gang-Halten, Coachen) und schließlich
- die erwünschte Effekte kindlicher Aneignungsbemühungen *festigen* sollen (z. B. durch Loben, Wertschätzen, Kommentieren, Belohnen, Sich-Freuen).

Bisweilen kommt es allerdings auch zu *weniger effektiven Formen* elterlicher Erziehungs- und Bildungsbemühungen, zumal wenn es dabei in den Augen der Eltern um unerwünschtes oder inakzeptables Verhalten ihrer Kinder geht. Verbale Abwertungen (z. B. Beschimpfungen, Demütigungen, Lächerlichmachen, Liebesentzug) und auch körperliche Bestrafung (z. B. Ohrfeigen, Schläge, Prügel) sind Beispiele hierfür.

In den bisher genannten Beispielen geht es vornehmlich darum, dass es elterliche und nicht etwa kindliche Ziele sind, die die Eltern bei ihren Kindern zu erreichen versuchen. Die Eltern tun dies in der Regel in der Hoffnung, dass die Kinder diese Ziele verinnerlichen und zu ihren eigenen machen. Dadurch würde – aus Sicht der Eltern – schließlich der Übergang von der anstrengenden *Fremderziehung bzw. -bildung* zur entlastenden *Selbsterziehung bzw. -bildung* erreicht.

Daneben gibt es allerdings noch erzieherische Situationen, in denen die Kinder von sich aus mehr oder minder rudimentäre Formen der Selbsterziehung bzw. Selbstbildung zu erkennen geben, so z. B. wenn sie mehr über etwas ihnen Unvertrautes oder Unverständliches wissen wollen oder wenn sie bei bestimmten Aktivitäten Hilfestellung benötigen. An dieser Stelle können Eltern als Erzieher tätig werden, indem sie ihre Kinder z. B. durch Auskunftgeben, Erklären, Interpretieren, Deuten, Vertiefen, Helfen, Gemeinsam-Machen in ihrer Entwicklung unterstützen.

Es liegt nahe, dass Eltern dies umso bereitwilliger tun, je mehr sie die kindlichen Aktivitäten als zielführend für ihre eigenen Erziehungs- und Bildungsabsichten halten und je mehr sie davon überzeugt sind, dass sie durch die Maßnahmen, die sie dabei einsetzen, die beabsichtigten Entwicklungseffekte bei ihren Kindern auch tatsächlich beeinflussen können. Unabhängig von diesen Bedingungen scheint es für die Eltern leichter zu sein, den Prozess der kindlichen Selbstentwicklung zu unterstützen, wenn die Kinder von sich aus Impulse zeigen, die geeignet sind, diesen Prozess voranzutreiben.

Eltern als Arrangeure von Entwicklungsgelegenheiten

Diese dritte Funktion des Elternseins steht zwar häufig im Dienste des zuvor genannten Aspekts, wonach Eltern unmittelbar als Erzieher tätig werden, ist jedoch weniger dadurch belastet, was der Erziehungswissenschaftler Horst Domke (1997) als die «Zudringlichkeit» direkter Erziehung bezeichnet hat. Stattdessen können die Eltern, indem sie *Erfahrungs- und Entwicklungsgelegenheiten* schaffen, die ihre Kinder eigenständig nutzen, zum einen viel zur Entschärfung des Zudringlichkeitsproblems beitragen und zum anderen auf dem Wege indirekter Erziehung dennoch die beabsichtigten Entwicklungseffekte fördern. Das *Arrangement von Entwicklungsgelegenheiten* erfordert jedoch in nicht geringem Maße pädagogische Kompetenz und Behutsamkeit.

- *Erstens* geht es dabei darum, solche Entwicklungsgelegenheiten zu schaffen, die dem jeweiligen Entwicklungsstand des Kindes angemessen und zugleich für die

Entwicklungsfortschritte des Kindes förderlich sind. Hierzu sind grundlegende entwicklungspsychologische Kenntnisse ebenso erforderlich wie eine angemessene Umsetzung dieser Kenntnisse. Als Beispiel sei hierfür das häusliche Niveau an sozialer und materieller Anregung zur Förderung von Intelligenz und Leistungsmotivation genannt (vgl. Bradley, 1999; Trudewind, 1975).

- *Zweitens* geht es nicht nur um die Auswahl von mutmaßlich positiven Entwicklungsumwelten, mit denen die Eltern ihre Kinder in Berührung bringen wollen, sondern auch um das Ausklammern von potentiell schädlichen Entwicklungsumwelten. Dies betrifft zum einen z. B. das Arrangement von Gelegenheiten, die es Kindern erleichtern, Freundschaften zu knüpfen und weiterzuentwickeln, etwa indem sich die Eltern aktiv um die Sozialkontakte mit Gleichaltrigen kümmern. Andererseits geht es aber auch darum, dass Eltern ihre Kinder vor abträglichen Beziehungen mit Gleichaltrigen abschirmen, um z. B. Kontakte mit delinquenten oder drogengefährdeten Kindern und Jugendlichen zu verhindern. Dies hat viel mit der Bedeutung zu tun, die Eltern der Überwachung kindlicher Aktivitäten und der Einhaltung von Vereinbarungen im Umgang mit ihren Freunden beimessen. An dieser Stelle wird deutlich, dass das Arrangement kindlicher Entwicklungsgelegenheiten den Eltern ein hohes Maß an Bewusstsein für die Qualität und Selektion des Umweltangebots abverlangt.
- *Drittens* können Eltern als Arrangeure kindlicher Entwicklungsgelegenheiten auch einen Beitrag dazu leisten, dass sie – wie Domke (1997, S. 82) es formuliert – «negative Bedingungen des Aufwachsens entschärfen.» An erster Stelle ist hier an die Qualität der Beziehung der Eltern untereinander zu denken, da ja aus Sicht der Kinder Eltern einen wichtigen Teil ihrer sozialen Umwelt ausmachen. Die empirischen Belege dafür, dass Eltern mit konflikthaften Partnerbeziehungen in beträchtlichem Maße die Entwicklung ihrer Kinder im Rahmen der «Kleinökologie der Familie» belasten, sind inzwischen unbestritten (vgl. Cummings Goeke-Morey & Graham, 2002).

Nicht selten drücken sich belastete Paarbeziehungen auch in einer mangelnden Übereinstimmung in Erziehungsfragen aus. Deswegen ist es wichtig, dass Eltern ein gut funktionierendes Erziehungsteam sind, das sich im Umgang mit ihren Kindern solidarisch verhält und an einem Strang zieht. Mit anderen Worten: Es geht um eine tragfähige Erziehungspartnerschaft oder – wie es im Fachjargon heißt – um eine fundierte Elternallianz, die Kindern deutlich macht, dass ihre Eltern mit einer Zunge sprechen – und auch danach handeln. An dieser Stelle schlagen wir Ihnen erneut einen kleinen Selbsttest vor, der Ihnen einen Eindruck verschafft, wie Sie Ihre Elternallianz selbst einschätzen **(Selbsttest 4: Elternallianz)**.

Selbsttest 4: Elternallianz

Was passiert zwischen Ihrem Partner und Ihnen, wenn es um ihr Kind geht?

Die folgenden Aussagen beziehen sich darauf, was zwischen Ihrem Partner und Ihnen vorgeht, wenn es um Ihr Kind geht. Auch wenn Sie keine Antwort finden, die exakt beschreibt, was Sie denken, kreuzen Sie bitte an, was Ihrer Meinung am nächsten kommt. Verlassen Sie sich dabei auf die Antwort, die Ihnen als erste in den Sinn kommt. Für die einzelnen Aussagen stehen Ihnen folgende Antwortmöglichkeiten zur Verfügung:

	trifft überhaupt nicht zu	trifft nicht zu	bin mir nicht sicher	trifft zu	trifft vollständig zu
	1	2	3	4	5
(1) Mein Partner genießt es, wenn er mit unserem Kind allein zusammen ist.	☐	☐	☐	☐	☐
(2) Während der Schwangerschaft hat mein Partner sein Vertrauen über meine Fähigkeit, eine gute Mutter/ein guter Vater zu sein, zum Ausdruck gebracht.	☐	☐	☐	☐	☐
(3) Wenn es ein Problem mit unserem Kind gibt, finden wir gemeinsam eine gute Lösung.	☐	☐	☐	☐	☐
(4) Mein Partner und ich können uns gut über unser Kind verständigen.	☐	☐	☐	☐	☐
(5) Mein Partner ist bereit, persönliche Opfer zu erbringen, wenn es darum geht, sich um unser Kind zu kümmern.	☐	☐	☐	☐	☐
(6) Mit meinem Partner über unser Kind zu sprechen, ist etwas, worauf ich mich freue.	☐	☐	☐	☐	☐
(7) Mein Partner widmet unserem Kind eine Menge Aufmerksamkeit.	☐	☐	☐	☐	☐
(8) Mein Partner und ich sind einer Meinung darüber, was unserem Kind erlaubt oder nicht erlaubt werden sollte.	☐	☐	☐	☐	☐
(9) Ich fühle mich meinem Partner nahe, wenn ich sehe, wie er mit unserem Kind spielt.	☐	☐	☐	☐	☐
(10) Mein Partner versteht es, mit Kindern gut umzugehen.	☐	☐	☐	☐	☐
(11) Mein Partner und ich sind als Eltern ein gutes Team.	☐	☐	☐	☐	☐
(12) Mein Partner ist davon überzeugt, dass ich eine gute Mutter/ein guter Vater bin.	☐	☐	☐	☐	☐
(13) Ich bin davon überzeugt, dass mein Partner eine gute Mutter/ein guter Vater ist.	☐	☐	☐	☐	☐
(14) Mein Partner erleichtert mir meine Aufgabe als Mutter/Vater.	☐	☐	☐	☐	☐
(15) Mein Partner sieht unser Kind in der gleichen Weise wie ich es tue.	☐	☐	☐	☐	☐

Was passiert zwischen Ihrem Partner und Ihnen, wenn es um ihr Kind geht?

Die folgenden Aussagen beziehen sich darauf, was zwischen Ihrem Partner und Ihnen vorgeht, wenn es um Ihr Kind geht. Auch wenn Sie keine Antwort finden, die exakt beschreibt, was Sie denken, kreuzen Sie bitte an, was Ihrer Meinung am nächsten kommt. Verlassen Sie sich dabei auf die Antwort, die Ihnen als erste in den Sinn kommt. Für die einzelnen Aussagen stehen Ihnen folgende Antwortmöglichkeiten zur Verfügung:

	trifft überhaupt nicht zu	trifft nicht zu	bin mir nicht sicher	trifft zu	trifft vollständig zu
	1	2	3	4	5
(16) Mein Partner würde unser Kind im Wesentlichen in der gleichen Weise beschreiben wie ich.	☐	☐	☐	☐	☐
(17) Wenn es erforderlich ist, unser Kind zu bestrafen, sind mein Partner und ich gewöhnlich über die Art der Bestrafung einer Meinung.	☐	☐	☐	☐	☐
(18) Ich stimme mit der Einschätzung meines Partners überein, was für unser Kind richtig ist.	☐	☐	☐	☐	☐
(19) Mein Partner sagt mir, dass ich eine gute Mutter/Vater bin.	☐	☐	☐	☐	☐
(20) Mein Partner und ich haben die gleichen Ziele für unser Kind.	☐	☐	☐	☐	☐

Der Selbsttest 4 «Elternallianz» hat zum Thema, wie gut Eltern, die beide Erziehungsverantwortung für ihr Kind haben, in Erziehungsfragen zusammenspielen und als Erziehungsteam funktionieren. Mit anderen Worten: es geht darum, wie sehr Eltern in der Erziehung Ihres Kindes «an einem Strang ziehen», wobei es freilich nicht unwesentlich ist, an *welchem* Strang sie ziehen (siehe hierzu den Selbsttest «Erziehungswerte») und *wie* sie daran ziehen (siehe die beiden Selbsttests «Erziehungsgrundsätze» und «Erziehungsverhalten»).

Um herauszufinden, wie es um Ihre eigene Elternallianz im Vergleich zu anderen Elternpaaren bestellt ist, empfehlen wir Ihnen folgendes Vorgehen:

Nachdem Sie den Selbsttest «Elternallianz» vollständig ausgefüllt haben, addieren Sie die Zahlenwerte Ihrer Antworten und tragen die Gesamtsumme in die unten stehende Tabelle (**Tabelle 5**) unter «Meine persönliche Punktezahl» ein. Nun können Sie sich anhand Ihrer persönlichen Punktezahl mit den entsprechenden Werten anderer Eltern vergleichen. Wiederum liegen hierzu die Befragungsergebnisse von 266 Eltern zugrunde, wobei die Punktezahlen theoretisch zwischen einem Minimalwert von 20 und einem Maximalwert von 100 variieren können. Auch in diesem Fall gilt wie für die Selbsttests «Erziehungswerte», «Erziehungsgrundsätze» und «Erziehungsverhalten», dass für die Auswertungstabelle ein mittlerer, unterer und oberer Wertebereich gebildet wurde. Dabei entfallen auf den mittleren Wertebereich ca. 60 Prozent und auf die beiden anderen jeweils ca. 20 Prozent der Befragten.

Tabelle 5: Auswertungstabelle für den Selbsttest 4 «Elternallianz»

Auswertungstabelle für den Selbsttest «Elternallianz»				
	Meine persönliche Punktezahl	unterer Bereich	mittlerer Bereich	oberer Bereich
Elternallianz		20–69	70–90	91–100

Es folgt nun jeweils ein kurzer Kommentar zu den drei Wertebereichen.

- *Elternallianz, mittlerer Wertebereich (70–90 Punkte)*: Wenn Ihre persönliche Punktezahl in diesem mittleren Bereich liegt, bedeutet dies, dass Sie einem Großteil der Aussagen, die für eine gut funktionierende Elternallianz sprechen, zustimmen können. Dies bezieht sich vor allem auf die Einschätzung, dass Ihr Partner die Elternrolle kompetent ausfüllt, dass er Sie selbst als fähige Elternperson wahrnimmt und dass Sie in Erziehungsfragen gut miteinander reden können, gemeinsame Ansichten haben und zu brauchbaren Lösungen kommen. Haben Sie weniger als 80 Punkte aufzuweisen, sind Sie sich in der einen oder anderen Aussage in dem Selbsttest jedoch nicht ganz sicher. Es empfiehlt sich daher, diese Punkte genauer anzusehen und gegebenenfalls mit Ihrem Partner darüber zu sprechen.

- *Elternallianz, unterer Bereich (20–69 Punkte)*: Liegt Ihre persönliche Punktezahl bei einem Wert unter 70, sind Sie häufiger unsicher, ob zwischen Ihnen und Ihrem Partner genügend Gemeinsamkeiten in Fragen der Kindererziehung bestehen. Dies ist umso stärker ausgeprägt, je geringer Ihre Punktezahl ausgefallen ist. Bei einer Punktezahl, die zwischen 40 und 60 liegt, sollten Sie auf jeden Fall genau hinsehen, bei welchen Themen zwischen Ihnen wenig Einigkeit besteht. Es ist sehr wichtig, dass Sie dann das Gespräch mit Ihrem Partner suchen oder dass Sie – wenn Sie die Befürchtung haben, dass ein derartiges Gespräch wenig konstruktiv verlaufen könnte – einen professionellen Gesprächsbegleiter hinzuziehen. Bedenken Sie auch, dass bisweilen Uneinigkeiten über Fragen der Kindererziehung tiefer liegende Gründe haben können, die mit Ihrer Beziehung als Paar zu tun haben. Dies sollte auf jeden Fall das Signal für Sie sein, sich um eine professionelle Paar- oder Familienberatung zu bemühen.
- *Elternallianz, oberer Wertebereich (91–100 Punkte)*: Wenn Sie eine persönliche Punktezahl in diesem Bereich haben und womöglich auch Ihr Partner, können Sie sich glücklich schätzen. Sie verfügen dann nicht nur über eine sehr große Einigkeit, was die Erziehung Ihres Kindes anbelangt, sondern Sie können sich auch gut über aufkommende Probleme verständigen und sich bei deren Lösung gegenseitig unterstützen. Hinzu kommt noch ein weiterer wichtiger Punkt: Sie bringen sich jeweils in der Art, wie Sie Ihre Elternrolle ausüben, wechselseitig ein hohes Maß an Wertschätzung entgegen. All dies bleibt auch Ihrem Kind nicht verborgen und trägt dazu bei, dass es sich in Ihrer Familie wohl fühlen kann.

Während die Eltern für belastete Partnerbeziehungen oder eine mangelnde Elternallianz und die daraus entstehenden Entwicklungsrisiken ihrer Kinder in gewisser Weise als «verantwortlich» angesehen werden können, gilt dies für andere, nicht selten auch familienextern verursachte Belastungsfaktoren, wie Armut, Arbeitslosigkeit und Krankheit in der Regel in weit geringerem Maße (Böhmert, 2008). So ist z. B. Armut eine Einflussgröße, die u. a. zu einer erhöhten elterlichen Depressionsneigung führen kann, die sich dann unmittelbar – daneben aber auch auf indirektem Wege über gehäufte Partnerkonflikte – auf ein wenig unterstützendes und engagiertes Erziehungsverhalten auswirkt. Dies erhöht wiederum bei den Kindern im Sinne eines sich verstärkenden Teufelskreises der Eltern-Kind-Interaktionen die Wahrscheinlichkeit für die Entstehung und Verfestigung kindlicher Verhaltensstörungen. Diese können externalisierender Art sein (z. B. Aggressivität, Unlenkbarkeit, Delinquenz) oder internalisierende Effekte umfassen (z. B. Ängstlichkeit, Depressivität, soziale Teilnahmslosigkeit). Auf jeden Fall wird an dieser Stelle auch ein sozial- und familienpolitischer Handlungsbedarf erkennbar, um einen Beitrag zur Entschärfung negativer Bedingungen des Aufwachsens zu leisten.

4.3
Erziehungswerte:
Eltern wollen für ihre Kinder «nur das Beste»

Die meisten Eltern lieben ihre Kinder und wollen «nur das Beste» für sie.

Wenn man sie genauer danach befragt, was sie denn eigentlich meinen, wenn sie «nur das Beste» für ihre Kinder wollen, dann können sie schon ein wenig präziser werden. Bevor Sie weiterlesen, möchten wir Sie an dieser Stelle dazu einladen, kurz inne zu halten und sich zu überlegen, was Sie auf diese Frage spontan antworten würden und Ihre Gedanken dazu hier niederzuschreiben:

Reflexionsübung 4: Was meine ich mit: «Ich will nur das Beste für mein Kind?»

Was meine ich mit: «Ich will nur das Beste für mein Kind?»

_____

_____

_____

_____

_____

_____

_____

_____

_____

_____

_____

_____

_____

_____

_____

_____

_____

_____

_____

Lesen Sie nun, was viele Eltern meinen, wenn Sie «das Beste» für ihre Kinder wollen. Sie wollen z. B., dass:

- ihre Kinder gesund sind und ihnen keine schweren Krankheiten oder Unfälle zustoßen;
- ihre Kinder glücklich, fröhlich und unbeschwert sind;
- sie etwas lernen und im Leben erfolgreich sind;
- sie verantwortungsvoll handeln und für sich gute Entscheidungen treffen;
- sie selbstständig sind und Probleme allein lösen können;
- sie mit Anderen gut auskommen, Freunde haben und in positiven Beziehungen leben;
- sie einen «guten Charakter» haben, was soviel heißt, dass sie sich z. B. um andere kümmern und nicht nur auf ihre eigenen, sondern auch auf die Gefühle und Bedürfnisse Anderer achten.

Vielleicht haben ja auch Sie selbst den einen oder anderen Punkt aus dieser Aufzählung genannt. Eines dürfte jedoch klar sein:

Um all dies zu erreichen, geht es nicht, ohne dass die Eltern ihre Rolle als Erzieher und – wie wir gesehen haben – auch als Lehrer wahrnehmen. Viele Eltern glauben, dass, wenn von Erziehung die Rede ist, vor allem zwei Dinge wichtig sind, die bereits der Reformpädagoge und Vater der deutschen Kindergartenbewegung Friedrich Fröbel (1782–1852) in der ersten Hälfte des 19. Jahrhunderts ausgesprochen hat. Von Fröbel stammt der Satz «Erziehung ist Beispiel und Liebe – und sonst nichts».

Seine Kinder zu lieben und ihnen mit gutem Beispiel voranzugehen, ist ganz ohne Zweifel eine unerlässliche Basis für eine funktionierende Eltern-Kind-Beziehung und für einen gelingenden Erziehungsprozess. Leider sind jedoch Liebe und positives Vorbild für die allermeisten Kinder nicht genug. Das hat damit zu tun, dass Kinder bisweilen Dinge tun, mit denen die Eltern nicht einverstanden sind, etwa wenn sie

- sich nicht an Vereinbarungen und Regeln halten (z. B. zu einem verabredeten Termin nicht erscheinen) oder vereinbarte Pflichten (z. B. – wie schon erwähnt – beim Tischabräumen mithelfen) nicht erfüllen;
- sich abfällig und respektlos verhalten (u. a. auch den Eltern gegenüber);
- Aufforderungen missachten, trotzig und herausfordernd reagieren;
- sich anderen gegenüber aggressiv verhalten (z. B. durch Handgreiflichkeiten oder verletzende Bemerkungen);
- ausfällig werden (z. B. brüllen und schreien oder mit Schimpfwörtern um sich werfen).

In den meisten dieser Fälle ist es nicht etwa so, dass die Kinder ein Problem haben, sondern die Eltern haben ein Problem mit ihren Kindern – ein Aspekt, auf den u. a. Thomas Gordon (1982), der Autor des Weltbestsellers «Familienkonferenz», hingewiesen hat. Besonders kritisch ist die Frage des Problembesitzes in der «Sturm und Drang»-Phase des Jugendalters, in der Teenager einen bisweilen auch schwierigen und schmerzhaften Prozess der Selbst-Entdeckung durchmachen. Verbunden damit ist das Bedürfnis nach mehr Unabhängigkeit von ihren Eltern und das Experimentieren mit neuen Rollen sowie Einstellungs- und Verhaltensmustern, um herauszufinden, wer sie als Person eigentlich sind, was für sie wirklich wichtig ist und wohin die Lebensreise gehen soll. Bestimmte Regeln und Vereinbarungen, die noch bis vor Kurzem zwischen Eltern und ihren Kindern das Leben in der Familie bestimmt haben, werden von den Jugendlichen plötzlich in Zweifel gezogen oder – schlimmer noch (zumindest für die Eltern) – einfach ignoriert. Kein Wunder, dass in vielen Fällen die Phase der «Familie mit Jugendlichen» aus der Sicht aller Beteiligter als die stressreichste, konfliktträchtigste und schwierigste im gesamten Lebenslauf der Familie angesehen wird (vgl. Wunderer & Schneewind, 2008). Insofern liegt es nahe, der Frage nachzugehen, wer in bestimmten Situationen eigentlich ein Problem hat.

Wir schlagen an dieser Stelle einen kleinen Selbsttest vor, bei dem es für eine Reihe von Verhaltensweisen Jugendlicher darum geht, herauszufinden, wer vornehmlich ein Problem hat – der Teenager oder die Elternperson. Lesen Sie sich zunächst die im Folgenden aufgelisteten problematischen Verhaltensweisen durch und überlegen Sie sich, wer hier wohl am ehesten das Problem besitzt **(Selbsttest 5: Verhaltensweisen von Teenagern – Wer besitzt das Problem?)**.

Selbsttest 5: Verhaltensweisen von Teenagern – Wer besitzt das Problem?

Verhaltensweisen des Teenagers	Wer besitzt das Problem?	
	Die Eltern	Der Teenager
Gibt freche Antworten, spricht respektlos mit den Eltern	☐	☐
Ist scheu und schüchtern gegenüber anderen	☐	☐
Hält sich nicht an Vereinbarungen (z. B. zu bestimmten Zeiten zu Hause sein wegräumen)	☐	☐
Darf etwas nicht, was andere Jugendliche dürfen (z. B. nach Hause kommen, wann er/sie will)	☐	☐
Kann sich schwer von zuhause lösen	☐	☐
Geht nachlässig mit Dingen um (z. B. verliert Kleidungsstücke; unabgeschlossenes Fahrrad wird gestohlen)	☐	☐
Ist motorisch ungeschickt (z. B. lässt häufig etwas fallen)	☐	☐
Räumt Sachen nicht auf, hat chaotisches Zimmer	☐	☐
Trödelt beim Schularbeiten oder sonstigen Aufträgen	☐	☐
Hat Schwierigkeiten mit Schulaufgaben	☐	☐
Macht Schularbeiten nur zum Teil oder unsorgfältig	☐	☐
Ist häufig erkennbar traurig, betrübt, gekränkt etc.	☐	☐
Ist anderen gegenüber körperlich und/oder verbal aggressiv	☐	☐
Hat schlechte Tischmanieren	☐	☐
Ist aufdringlich, wenn er/sie etwas haben will	☐	☐
Schämt sich, mit anderen nicht mithalten zu können (z. B. weil er/sie nicht die richtigen Klamotten oder kein Handy hat)	☐	☐
Will etwas sofort haben (z. B. beim Kleiderkaufen oder im Computerladen)	☐	☐
Hält sich nicht an Sicherheitsvorkehrungen (z. B. trägt keinen Fahrradhelm)	☐	☐
Wird ausfällig	☐	☐
Ist unzufrieden mit dem, was er/sie gemacht hat (z. B. Zeichnung oder handwerkliche Arbeit)	☐	☐
Unterbricht andere (z. B. beim Telefonieren oder konzentrierten Arbeiten)	☐	☐
Wird von anderen gehänselt, aufgezogen	☐	☐
Verwendet rüde Sprache (z. B. «blöde Sau», «Arschloch»)	☐	☐

Verhaltensweisen des Teenagers	Wer besitzt das Problem?	
	Die Eltern	Der Teenager
Wird von anderen gemobbt (z. B. üble Nachrede, Ausschluss von gemeinsamen Aktivitäten)	☐	☐
Weigert sich, im Haushalt mitzuhelfen	☐	☐
Glaubt, zu wenig Taschengeld zu haben	☐	☐
Kann beim Spielen nicht verlieren (z. B. rastet aus, wird aggressiv)	☐	☐
Zeigt exzessiven Medienkonsum (z. B. Computerspiele, Fernsehen, Videos)	☐	☐
Kind will nicht ins Bett gehen	☐	☐
Meint, dass die Eltern kein Verständnis für seine Vorlieben haben (z. B. Musikgeschmack)	☐	☐
Ist wählerisch beim Essen	☐	☐
Fühlt sich körperlich nicht attraktiv	☐	☐
Ist egoistisch, will nicht teilen	☐	☐
Glaubt, dass es von den Eltern gegenüber einem Geschwister benachteiligt wird	☐	☐
Hat Zoff mit einem Freund/einer Freundin	☐	☐
Lügt, stiehlt, schwänzt die Schule etc.	☐	☐
Ignoriert Aufforderungen der Eltern (z. B. zum Essen kommen, Musik leiser stellen)	☐	☐
Glaubt, dass die Eltern ihm/ihr nicht genügend Freiheiten lassen (z. B. mit Freunden zusammen zu sein, die ihnen nicht bekannt sind)	☐	☐

Wenn Ihnen noch weitere problematische Verhaltensweisen von Teenagern einfallen, haben Sie im Anschluss Platz, Ihre eigenen Beispiele niederzuschreiben, zu werten und ev. zu diskutieren.

	☐	☐
	☐	☐
	☐	☐
	☐	☐
	☐	☐
	☐	☐

Wer nun eigentlich der «Problembesitzer» ist, lässt sich nicht in allen Fällen leicht klären. So kann z. B. das mürrische oder abweisende Verhalten eines Jugendlichen, das Eltern als unerträglich und deswegen als ein Problem empfinden, Ausdruck eines verdeckten Problems auf Seiten des Kindes sein (z. B. wenn es anhaltende Konflikte mit einem Freund oder einer Freundin gibt).

In der folgenden **Abbildung 5** finden Sie die Ankreuzungen, wie sie von den meisten Eltern vorgenommen werden.

	Wer besitzt das Problem?	
Verhaltensweisen des Teenagers	**Die Eltern**	**Der Teenager**
Gibt freche Antworten, spricht respektlos mit den Eltern	☒	☐
Ist scheu und schüchtern gegenüber anderen; hat Schwierigkeiten Kontakt zu machen	☐	☒
Hält sich nicht an Vereinbarungen (z. B. zu bestimmten Zeiten zu Hause sein wegräumen)	☒	☐
Darf etwas nicht, was andere Jugendliche dürfen (z. B. nach Hause kommen, wann er/sie will)	☐	☒
Kann sich schwer von zuhause lösen	☐	☒
Geht nachlässig mit Dingen um (z. B. verliert Kleidungsstücke; unabgeschlossenes Fahrrad wird gestohlen)	☒	☐
Ist motorisch ungeschickt (z. B. lässt häufig etwas fallen)	☐	☒
Räumt Sachen nicht auf, hat chaotisches Zimmer	☒	☐
Trödelt beim Schularbeiten oder sonstigen Aufträgen	☒	☐
Hat Schwierigkeiten mit Schulaufgaben	☐	☒
Macht Schularbeiten nur zum Teil oder unsorgfältig	☒	☐
Ist häufig erkennbar traurig, betrübt, gekränkt etc.	☐	☒
Ist anderen gegenüber körperlich und/oder verbal aggressiv	☒	☐
Hat schlechte Tischmanieren	☒	☐
Ist aufdringlich, wenn er/sie etwas haben will	☒	☐
Schämt sich, mit anderen nicht mithalten zu können (z. B. weil er/sie nicht die richtigen Klamotten oder kein Handy hat)	☐	☒
Will etwas sofort haben (z. B. beim Kleiderkaufen oder im Computerladen)	☒	☐
Hält sich nicht an Sicherheitsvorkehrungen (z. B. trägt keinen Fahrradhelm)	☒	☐
Wird ausfällig	☒	☐

Verhaltensweisen des Teenagers	Wer besitzt das Problem?	
	Die Eltern	Der Teenager
Ist unzufrieden mit dem, was er/sie gemacht hat (z. B. Zeichnung oder handwerkliche Arbeit)	☐	☒
Unterbricht andere (z. B. beim Telefonieren oder konzentrierten Arbeiten)	☒	☐
Wird von anderen gehänselt, aufgezogen	☐	☒
Verwendet rüde Sprache (z. B. «blöde Sau», «Arschloch»)	☒	☐
Wird von anderen gemobbt (z. B. üble Nachrede, Ausschluss von gemeinsamen Aktivitäten)	☐	☒
Weigert sich, im Haushalt mitzuhelfen	☒	☐
Glaubt, zu wenig Taschengeld zu haben	☐	☒
Kann beim Spielen nicht verlieren (z. B. rastet aus, wird aggressiv)	☐	☒
Zeigt exzessiven Medienkonsum (z. B. Computerspiele, Fernsehen, Videos)	☒	☐
Meint, dass die Eltern kein Verständnis für seine Vorlieben haben (z. B. Musikgeschmack)	☐	☒
Ist wählerisch beim Essen	☒	☐
Fühlt sich körperlich nicht attraktiv	☐	☒
Ist egoistisch, will nicht teilen	☒	☐
Glaubt, dass er/sie von den Eltern gegenüber einem Geschwister benachteiligt wird	☐	☒
Hat Zoff mit einem Freund/einer Freundin	☐	☒
Lügt, stiehlt, schwänzt die Schule etc.	☒	☐
Ignoriert Aufforderungen der Eltern (z. B. zum Essen kommen, Musik leiser stellen)	☒	☐
Glaubt, dass die Eltern ihm/ihr nicht genügend Freiheiten lassen (z. B. mit Freunden zusammen zu sein, die ihnen nicht bekannt sind)	☐	☒

Abbildung 5: Auswertung des Selbsttests 5 «Verhaltensweisen von Teenagern – Wer besitzt das Problem?»

Vergleichen Sie nun die Kreuze, die Sie im Selbsttest 5 gemacht haben, mit den Ankreuzungen in der Abbildung 5. Wo gibt es Übereinstimmungen und Abweichungen? Wie erklären und begründen Sie die Abweichungen? Wenn Sie möchten, diskutieren Sie Ihre jeweiligen Antworten mit Ihrem Partner.

Wer auch immer das Problem besitzt, eines ist sicher: mit viel Liebe allein sind die in dem Selbsttest genannten Probleme nicht zu lösen. Vielmehr sind an dieser Stelle die Eltern als Erzieher wirklich gefordert – und zwar als Erzieher mit ganz bestimmten Fähigkeiten, wenn sie die vorher genannten Ziele, nach denen sie ihre Kinder zu glücklichen, selbstständigen und gemeinschaftsfähigen Menschen erziehen möchten, nicht aus den Augen verlieren wollen.

Vor diesem Hintergrund mag es zunächst einmal hilfreich sein, dass die Eltern für sich klären, welche Erziehungsziele für sie wirklich wichtig sind. Dabei können sie auf eine reichhaltige Ratgeberliteratur zurückgreifen. Als Beispiel für einen Ratgeber, der sich ausschließlich auf die Wertefrage konzentriert, sei ein Buch von Robert Coles (1998) mit dem Titel «Moralische Intelligenz oder Kinder brauchen Werte» genannt. Es handelt sich dabei um ein Plädoyer für eine moralische Erziehung, die sich an den grundlegenden Überzeugungen des Neopsychoanalytikers Erik Erikson (u. a. Autor des grundlegenden Werkes «Kindheit und Gesellschaft», 1973) orientiert.

Exkurs: ‹Das Beste›

Coles berichtet in seinem Buch von einem Gespräch mit Erik Erikson, das mit dem oben bereits angesprochenen Thema zu tun hat, dass Eltern für ihre Kinder «nur das Beste» wollen. In diesem Gespräch erzählte Erikson, dass Anna Freud – Tochter von Sigmund Freud und Begründerin der Kinderpsychoanalyse – ihm auf seine Fragen nach der richtigen Erziehung erwidert habe, sie könne ihm die genauen Antworten, die er offenkundig hören wolle, nicht liefern. Wohl aber könne sie ihm das Handwerkszeug geben, damit er mit diesen Fragen selbst fertig werde. Coles (1998, S. 206 ff.) berichtet hierauf über den weiteren Fortgang seines Gesprächs mit Erik Erikson:

«Ich lachte und sagte: ‹Viele von uns müssen nicht nur mit ein paar Fragen fertig werden, sondern mit ihren eigenen Kindern.› – ‹Ja, ja›, meinte er, ‹und das sind die Momente, in denen wir uns zwingen müssen, freundlich zu sein. Wir müssen mit uns selbst fertig werden, damit wir das Beste tun können.›

Ich wollte und konnte das Wort ‹das Beste› nicht einfach stehen lassen. Vielleicht könnte ich mit Hilfe dieses Wortes den weisen alten Mann dazu bewegen, mir noch einen Rat mitzugeben. ‹Woher wissen wir, was das Beste für sie ist? Was ist das Beste?› fragte ich ihn. – ‹Ich habe es Ihnen schon gesagt›, antwortete er. ‹Freundlich sein, das müssen wir; durch unser Verhalten zeigen, dass wir uns für andere interessieren und das Beste für sie wollen.›

Wir erkannten beide, dass wir nicht über einen Katalog von Regeln sprachen, sondern über eine Haltung, an der man Tag für Tag arbeitet, um sie für sich selbst zu finden und mit anderen zu teilen.»

So wichtig und unerlässlich eine derartige, vom Respekt für die Kinder und dem Bemühen um die eigene Erfahrungsoffenheit geprägte Haltung auch ist, es bleibt das von Coles aufgeworfene Problem, wonach viele Eltern nicht nur mit «ein paar Fragen» zur Erziehung, sondern mit ihren eigenen Kindern fertig werden müssen.

Gibt es ergänzend zu dem bereits im dritten Kapitel präsentierten Selbsttest «Erziehungswerte» keine etwas konkreteren Leitlinien, um Kindern – zumal wenn sie sich im Teenageralter befinden – zu einem «bejahenswerten Leben» (Schmid, 2000) zu verhelfen?

Die amerikanische Erziehungswissenschaftlerin Michele Borba (1999) hat ein Buch mit dem Titel «Parents do make a difference» (zu Deutsch: Eltern *machen* einen Unterschied) geschrieben, das sich ausdrücklich und offensiv gegen die eingangs erwähnte und von Judith Rich Harris (2000) propagierte «Ohnmacht der Eltern» wendet. Sie behandelt ausführlich acht «Fertigkeiten des Erfolgs». Unter Erfolg wird explizit nicht eine vordergründig marktorientierte Persönlichkeitsorientierung verstanden, wie sie etwa von Erich Fromm (1989) beschrieben wurde, sondern ein Muster von persönlichen Ressourcen, das es dem jeweiligen Kind – und damit sind nach dem Verständnis von Borba nicht nur kleinere Kinder sondern auch Jugendliche gemeint – erlaubt, mit sich selbst und den Herausforderungen seiner Mit- und Umwelt selbstverantwortlich umzugehen. Dabei ordnet Borba die acht Erfolgsfertigkeiten, die zugehörigen elterlichen Unterstützungsmaßnahmen und die entsprechenden Entwicklungsziele fünf übergeordneten Kategorien zu, nämlich den Fertigkeiten des persönlichen, emotionalen, sozialen, motivationalen und moralischen Erfolgs. **Tabelle 6** gibt einen Überblick über Borba's (1999, S. 5) acht Fertigkeiten des Erfolgs.

Für jedes dieser acht Erfolgskriterien zeigt Borba ausführlich, welche Mittel Eltern zur Verfügung stehen, um die angestrebten Entwicklungsziele so zu erreichen, dass sie von den Jugendlichen erfolgreich in ihr Persönlichkeitssystem integriert und zu ihrem eigenen gemacht werden können. Wir können die vielen Einzelheiten dieses Vorgehens an dieser Stelle nicht weiter vertiefen, werden aber als nächstes auf einige konkrete Methoden zu sprechen kommen, auf die Eltern vor allem auch in schwierigen Erziehungssituationen zurückgreifen können.

4.4
Herausfordernde «Familientänze» überleben

Weiter oben hatten wir bereits festgestellt, dass Elternliebe eine unverzichtbare Voraussetzung für das Gedeihen ihrer Kinder ist. Liebe äußert sich vor allem in der Sorge um das Wohlergehen des anderen und – wie es der humanistische Psychologe Carl Rogers (1976) ausgedrückt hat – in dessen «unbedingter Wertschätzung» als Person, was freilich nicht als unbedingte Akzeptanz aller ihrer Verhaltensweisen missverstanden werden darf. Die Beziehungen von Eltern zu ihren Kindern sind daher ein Prototyp für «altruistische», vornehmlich gemeinschaftsorientierte Beziehungen im Gegensatz zu austauschorientierten Beziehungen, die, wie etwa im Geschäftsleben, in erster Linie eine Maximierung der Eigeninteressen der Geschäftspartner zum Ziel haben (vgl. Clark & Mills, 1993). In diesem Sinne war im vorigen Abschnitt bereits die Rede davon, dass Eltern in der Regel für ihre Kinder immer «nur das Beste» wollen.

Tabelle 6: Erfolgsfertigkeiten

Erfolgsfertigkeiten		
Persönliche Fertigkeiten	**Elterliche Unterstützungsmaßnahmen**	**Entwicklungsziele**
Positives Selbstwertgefühl	Dem Kind helfen, solide, positive Selbst-Überzeugungen und eine Haltung des «Ich kann's schaffen» vermitteln, so dass es sich erfolgszuversichtlich fühlt.	Selbstvertrauen
Kultivierung von Stärken	Sensibilisierung der Achtsamkeit des Kindes für seine speziellen Talente und Stärken, so dass es auf seine Individualität stolz sein und sein persönliches Potential erweitern kann.	Selbstbewusstsein
Emotionale Fertigkeiten		
Kommunizieren	Das Kind unterstützen, aufmerksam zuzuhören, für sich selbst zu sprechen und das, was es sagen will, mitzuteilen, um das eigene Wissen zu vergrößern und Missverständnisse zu reduzieren.	Verstehen
Problemlösen	Dem Kind beibringen, wie es in Ruhe die besten Lösungen findet und verantwortliche Entscheidungen treffen kann.	Selbstverantwortlichkeit
Soziale Fertigkeit		
Mit anderen auskommen	Unterstützung des Kindes bei der Entwicklung seiner Fähigkeiten, Freundschaften zu schließen und mit schwierigen Beziehungen zurechtzukommen.	Kooperation
Motivationale Fähigkeiten		
Ziele setzen	Dem Kind helfen, wie es lernen kann, die Ziele zu bestimmen, die es erreichen möchte, und die Schritte für eine erfolgreiche Zielerreichung festzulegen.	Selbstmotivation
Nicht aufgeben	Dem Kind zeigen, wie es etwas, das es begonnen hat, zu Ende bringen kann, auch wenn sich Schwierigkeiten auftun.	Beharrlichkeit
Moralische Fertigkeit		
Sich kümmern	Stärkung des kindlichen Mitgefühls und seiner Sensibilität für die Gefühle und Bedürfnisse anderer.	Empathie

Wir hatten freilich auch gesehen, dass Eltern zum einen dieses vage Leitziel zwar durchaus in konkretere Erziehungsziele aufteilen können, dass zum anderen aber ihr erzieherisches Handeln nicht immer mit ihren Absichten im Einklang steht. Die Konsequenz sind dann herausfordernde «Familientänze» von der Art, wie wir sie im dritten Kapitel am Beispiel der Mischform von nachgiebigem und autoritärem Elternverhalten geschildert haben.

Ein wesentlicher Grund hierfür ist die mit dem Übergang in die Jugendphase zunehmende «Eigenwilligkeit» der Kinder und die Tatsache, dass es neben unproblematischen Zeiten des Zusammenlebens meist tagtäglich auch Situationen gibt, in denen – zumindest aus der Sicht der Eltern – ihre Kinder ein inakzeptables Verhalten zeigen. Einige dieser inakzeptablen Verhaltenweisen – von der Nichteinhaltung von Regeln bis zum Ausfälligwerden – hatten wir bereits Revue passieren lassen. In den meisten dieser Fälle haben – wie in dem Selbsttest zum «Problembesitz» deutlich geworden ist – die Eltern ein Problem und nicht so sehr ihre heranwachsenden Kinder. Und im Allgemeinen fühlen sich die Eltern in solchen Situationen aufgerufen, eine Lösung für das Problem zu finden. Wie sie das tun, kann freilich sehr unterschiedlich sein und ist in gewisser Weise gerade in schwierigen Situationen der Lackmustest dafür, ob eine entwicklungsförderliche Erziehung nicht nur auf den Lippen getragen, sondern auch im konkreten Erziehungsalltag praktiziert wird.

Eine der unangemessenen Praktiken zur Beendigung von Problemen, die Eltern mit ihren Kindern haben, besteht in der Anwendung von Gewalt, insbesondere körperlicher Gewalt. Forschungsbefunde zeigen, dass in Deutschland 46 % einer repräsentativen Stichprobe von Befragten der Aussage «Ab und zu eine Ohrfeige hat noch keinem Kind geschadet» zustimmen (Lamnek, Luedke & Ottermann, 2006, S. 123). Nach einer Studie von Wetzels (1997) werden vier von fünf Kindern und Jugendlichen von ihren Eltern geohrfeigt und etwa 1,3 Millionen Kinder körperlich misshandelt – 420.000 von ihnen sogar häufig. Angesichts solcher Zahlen war die pädagogisch und juristisch motivierte Novellierung des § 1631 BGB Abs. 2 im Jahre 2000, wonach Kinder ein Recht auf gewaltfreie Erziehung haben, eine bedeutsame gesellschaftspolitische Initiative.

Allerdings kann eine ausschließliche Fokussierung auf die Doktrin einer gewaltfreien Erziehung in zweierlei Hinsicht bedenklich sein. *Zum einen* besteht die Gefahr, dass das Spektrum anderer problematischer elterlicher Erziehungspraktiken, die vordergründig nichts mit dem Thema Gewalt zu tun haben, aus dem Blick gerät. Hierzu gehört z. B. eine allzu nachgiebige oder gar vernachlässigende Erziehung, die den Kindern einen zu großen Freiraum lässt – ein Phänomen, dass offenkundig in deutschen Landen weit verbreitet ist – zumindest nach Meinung einer repräsentativen Stichprobe von Bundesbürgern, die von TNS Infratest im Juli 2005 befragt wurde. So antworteten auf die Frage «Erziehen Eltern ihre Kinder im Großen und Ganzen zu autoritär oder lassen sie ihren Kindern zuviel Freiraum?» antworteten 82 % der Befragten mit «zuviel Freiraum», 5 % mit «zu autoritär» und 13 % mit «Verhältnis genau richtig» oder «weiß nicht» oder blieben eine Antwort schuldig. *Zum anderen* ist zu befürchten, dass die positiven Ziele elterlicher Erziehungs- und Bildungsbemühungen, die wir oben beispielhaft kennen gelernt haben, und vor allem die konkreten Möglichkeiten zu ihrer Umsetzung nicht genügend Beachtung finden.

Eine wichtige Rolle spielt dabei das Thema «Grenzensetzen» – auch und gerade bei Jugendlichen. Zunächst einmal ist wichtig, sich vor Augen zu führen, dass es sich beim Grenzensetzen um inakzeptables Verhalten des Jugendlichen handelt –

und zwar um inakzeptables Verhalten aus der Sicht der Eltern. Jugendliche schätzen ihr angeblich inakzeptables Verhalten zumeist ganz anders ein. Deshalb sollten Eltern genau wissen, mit welcher Zielsetzung sie inakzeptables Verhalten zur Sprache bringen und inwieweit sie durch womöglich unnötige Einschränkungen die Selbstentdeckungs- und Experimentierbedürfnisse, aber auch die Eigenverantwortlichkeit ihrer Teenager torpedieren. Wenn es z. B. um den «inakzeptablen» Musikgeschmack eines Jugendlichen geht, macht es wenig Sinn, ihm anzudrohen, seinen MP3 Player zu konfiszieren, wenn er nicht aufhört, sich die vermeintliche «Schwachsinnsmusik reinzuziehen».

Anders sieht das aus, wenn der Jugendliche sichtlich angetrunken mit seinem Mofa nach Hause kommt und dadurch zuvor sich selbst und andere in Gefahr

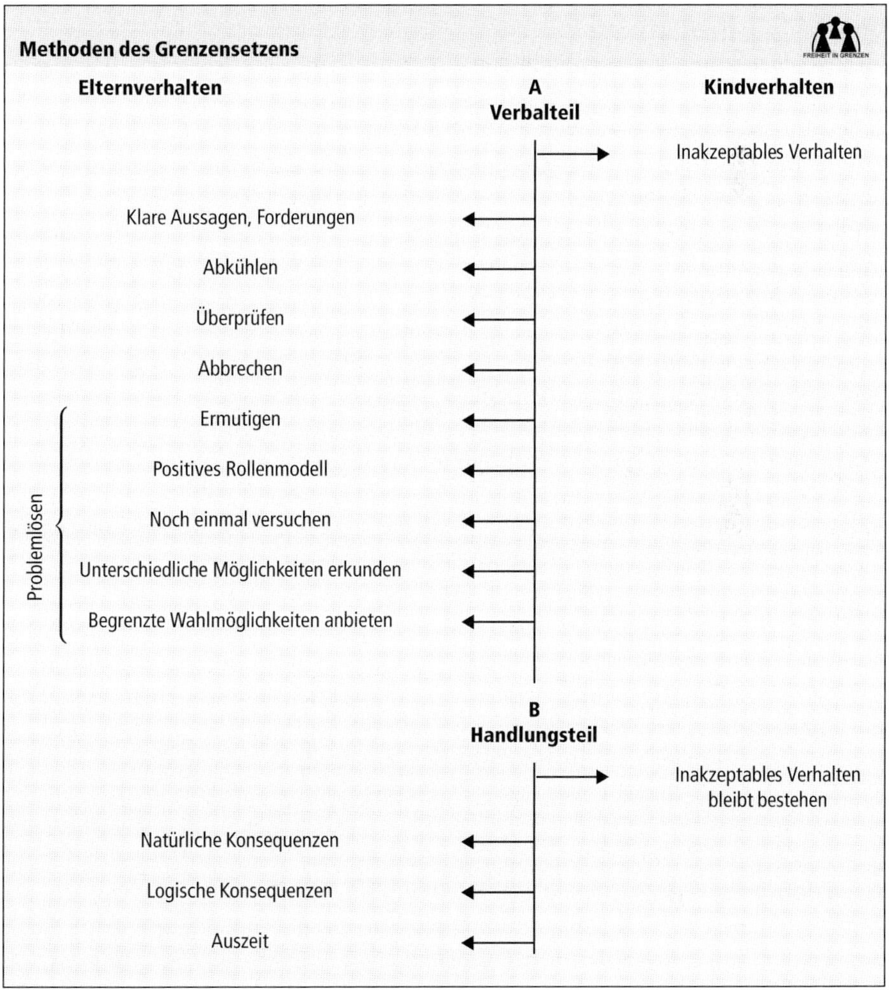

Methoden des Grenzensetzens

Elternverhalten	A Verbalteil	Kindverhalten
		→ Inakzeptables Verhalten
Klare Aussagen, Forderungen ←		
Abkühlen ←		
Überprüfen ←		
Abbrechen ←		
Ermutigen ←		
Positives Rollenmodell ←		
Noch einmal versuchen ←		
Unterschiedliche Möglichkeiten erkunden ←		
Begrenzte Wahlmöglichkeiten anbieten ←		

Problemlösen

	B Handlungsteil	
		→ Inakzeptables Verhalten bleibt bestehen
Natürliche Konsequenzen ←		
Logische Konsequenzen ←		
Auszeit ←		

Abbildung 6: Methoden des Grenzensetzens

gebracht hat. Dieses Verhalten zu ignorieren, wäre im Sinne des «Freiheit in Grenzen»-Konzepts seitens der Eltern genauso unangemessen wie kommentarlos oder laut schimpfend das Mofa wegzusperren. Die Maxime sollte vielmehr lauten: Die Beziehung zum Jugendlichen intakt halten und Bedingungen schaffen, die ihm eigenständig zu verantwortlichem Handeln verhelfen. Dies ist beileibe keine «Schmusepädagogik», mit der sich Eltern kurzfristig hohe Beliebtheitswerte bei ihren Jugendlichen einhandeln. Vielmehr erfordert eine solche Erziehungsstrategie, die Jugendlichen zu selbstverantwortlichem Handeln verhelfen soll, von den Eltern viel Standfestigkeit, Klarheit und zugleich Flexibilität – ein fürwahr nicht einfaches Geschäft.

Dabei gibt es auch jenseits aggressiver Machtdurchsetzung und hilflosem Gewährenlassen eine ganze Reihe hilfreicher Methoden, auf die Eltern zurückgreifen können, um ihren Kindern Grenzen zu setzen – auch und gerade dann, wenn sie sich im Jugendlichenalter befinden. Freilich erfordern diese Methoden eine subtile Anwendung, die auf die bereits erwähnten Selbstentdeckungs- und Experimentierbedürfnisse von Jugendlichen zugeschnitten ist.

Das in **Abbildung 6** dargestellte Diagramm gibt einen kurzen Überblick über verschiedene Methoden, um herausfordernde Erziehungssituationen zu meistern, ohne eine grundsätzlich wertschätzende Haltung gegenüber den jugendlichen Kindern aufzugeben bzw. deren Eigenständigkeit zu untergraben (vgl. MacKenzie, 1998).

Eine wichtige Rolle in den erzieherischen Bemühungen von Eltern spielt dabei die Unterscheidung zwischen dem *Verbalteil* – d. h. dem, was sie sagen – und dem *Handlungsteil* – d. h. dem, was sie tun. Darin unterscheiden sich die Methoden den Grenzensetzens in nichts von dem, was bereits in den beiden DVD-gestützten Elterncoach-Büchern für Eltern von Vorschul- und Grundschulkindern angesprochen wurde (vgl. Schneewind und Böhmert, 2008, 2009).

Beispiel

Greifen wir auf das bereits angesprochene Beispiel «Angetrunken auf dem Moped nach Hause kommen» zurück und nehmen wir an, dass es sich dabei um den 17-jährigen Ralph handelt, der auch auf der DVD, die diesem Buch beigefügt ist, eine tragende Rolle spielt. Nehmen wir weiter an, dass es an einem Wochenende bereits spät in der Nacht ist und Ralph weit über die vereinbarte Zeit weggeblieben ist. Nun fährt er sichtbar beschwipst mit seinem Moped, den Sturzhelm auf dem Gepäckträger, zuhause vor, wo ihn seine Eltern seit einiger Zeit mit wachsender Unruhe erwarten. Vom Fenster aus können sie beobachten, wie Ralph versucht, sein Moped abzustellen, wie es bei diesem Versuch umstürzt, wie er es reichlich unbeholfen wieder aufrichtet und wie er leicht schwankend auf die Haustür zugeht.

Wie können die Eltern anhand der in Abbildung 6 aufgelisteten Methoden des Grenzentestens mit dem für sie inakzeptablen Verhalten ihres Sohnes im Sinne des «Freiheit in Grenzen» Konzepts umgehen? Es folgen einige Vorschläge entlang der in Abbildung 6 dargestellten Methoden des Grenzensetzens.

4.4.1

Klare Aussagen und Forderungen

Klarheit heißt vor allem, dass die Eltern sich nicht scheuen, inakzeptables Verhalten offen und direkt anzusprechen. So könnte der Vater – unterstützt von seiner Frau – etwa sagen:

Beispiel

«Ralph, wir hatten vereinbart, dass Du um halb eins zuhause bist, jetzt ist es halb drei. Wir warten schon zwei Stunden auf Dich und machen uns Sorgen, was mit Dir los ist. Wir sind stinksauer, dass Du Dich nicht an unsere Vereinbarung gehalten hast. Du weißt genau: wir haben verabredet, dass Du anrufst, wenn etwas dazwischen kommt und Du nicht pünktlich hier sein kannst. Das hast Du nicht getan. Und noch etwas: Du hattest Deinen Sturzhelm nicht auf und wir haben gesehen, wie schwer es Dir gefallen ist, Dein Moped richtig abzustellen und wie Du schwankend zur Tür gekommen bist. Hast Du getrunken oder gekifft oder was?»

Vielleicht versucht Ralph, die Sache herunterzuspielen, z. B. indem er behauptet, dass ein Freund aus seiner Clique um zwölf in seinen Geburtstag reingefeiert hat, dass es dann halt etwas länger gedauert hat, dass es dann auch ein bisschen was zu trinken gegeben hat, dass der Akku von seinem Handy leer war, dass er die Sache mit dem Sturzhelm mal vergessen hat, dass das doch alles nicht so schlimm ist, und dass man sich doch deswegen nicht so aufregen muss. – Spätestens dann, ist es für die Eltern an der Zeit, erneut ein klares Wort zu sprechen. Angesichts des alkoholisierten Zustands von Ralph (und vielleicht auch wegen des aufkommenden Ärgers über ihn) könnte dieses klare Wort etwa wie folgt ausfallen:

Beispiel

«Also Ralph, das sehen wir völlig anders. Es ist absolut nicht in Ordnung, dass Du zwei Stunden über der vereinbarten Zeit bist, und schon gleich gar nicht, dass Du ohne Helm auf dem Kopf und dazu noch angetrunken mit Deinem Moped durch die Gegend fährst. Das werden wir auf keinen Fall zulassen. – Jetzt schlaf' aber erst mal Deinen Rausch aus. Beim Frühstück reden wir dann noch mal darüber.»

Der Vater spricht – auch im Namen der Mutter – klar und im Detail aus, was ihm an Ralph's Verhalten missfällt. Mit dem Hinweis, dass er dieses Verhalten nicht weiter billigen wird, lässt er zudem – wenn auch noch nicht in allen Einzelheiten – eine deutliche Forderung folgen. Außerdem behält er das Heft in der Hand, indem er für den folgenden Morgen ein Gespräch ankündigt. Mit der Verschiebung der Aussprache auf den nächsten Tag trägt er auf elegante Weise dazu bei, dass sich die Situation nicht weiter aufschaukelt, sondern eine Phase eintritt, in der sich die Gemüter abkühlen können.

4.4.2
Abkühlen

Der Grund für den Vater, in diesem Fall eine solche Phase des Abkühlens einzulegen, besteht darin, dass zu diesem Zeitpunkt mitten in der Nacht im Hinblick auf Ralphs aktuellen Zustand und unter dem Einfluss aufkommender negativer Emotionen kaum eine vernünftige Problemlösung in Angriff genommen werden kann. Im Kern läuft das Abkühlen auf eine «Auszeit» hinaus, die – wie aus Abbildung 6 ersichtlich – bereits zum Handlungsteil führt und auf die wir dort noch einmal zu sprechen kommen. Die «Auszeit» (englisch: Time-out) ist eine sehr hilfreiche Methode, um aus einer Sache den Wind herauszunehmen und wieder zu einem kühlen Kopf zu gelangen.

Allgemein gilt dies übrigens nicht nur für Jugendliche, sondern auch für ihre Eltern. Eltern vergeben sich nichts, wenn sie in einer kritischen Situation mit ihren Jugendlichen sagen: «Das regt mich dermaßen auf, ich brauch' jetzt ein paar Minuten, um mich wieder zu sammeln» und sich dann auf ihr Zimmer zurückziehen. Es ist jedenfalls allemal besser, als in einem Zustand von Ärger und Wut die Kontrolle zu verlieren, was dann leicht zu Schreien, Beschimpfungen und sogar zu Handgreiflichkeiten führen kann. Die Abkühlphase ist nicht nur ein Beitrag zur Emotionskontrolle, sondern auch eine exzellente Möglichkeit, sich eine gute Strategie für die Lösung des Konflikts zurechtzulegen. Fürs Erste können wir somit festhalten, dass die Methode des Abkühlens sehr hilfreich ist, wenn es darum geht, einen zermürbenden «Familientanz» gar nicht erst zur Entfaltung kommen zu lassen.

4.4.3
Überprüfen

Wenn Eltern sich vergewissern wollen, ob das, was sie ihren Jugendlichen gesagt haben, bei diesen auch angekommen ist, hilft die Methode des *Überprüfens*. Im Falle von Ralph könnte der Vater am nächsten Morgen das ankündigte Gespräch am Frühstückstisch etwa folgendermaßen eröffnen:

> **Beispiel**
>
> «Ralph, ich möchte mit Dir noch mal darüber reden, was letzte Nacht vorgefallen ist. Einiges habe ich Dir ja schon gesagt. Kannst Du Dich noch erinnern?» Wenn Ralph mit einem knappen «Ja, schon» antwortet, kann der Vater nachfassen und ihn auffordern, genauer die Punkte zu nennen, die in der Nacht zur Sprache gekommen waren. Für den Fall, dass Ralph nur vage antwortet oder wichtige Punkte unberücksichtigt lässt (z. B. «Na ja, Du und die Mama, ihr wart halt sauer, weil ich ein bisschen später nach Hause gekommen bin»), sollte der Vater nicht locker lassen, sondern auf mehr Präzision bestehen, z. B. indem er sagt: «Okay, dass wir sauer waren, ist richtig, aber nicht nur, weil Du ‹ein bisschen› später nach Hause gekommen bist, sondern weil es sich bei dem ‹bisschen› um zwei Stunden gehandelt hat und weil noch ein paar andere nicht ganz unwichtige Dinge dazu gekommen sind. Hast Du eine Ahnung, was ich mit diesen ‹nicht ganz unwichtigen anderen Dingen› meine?» Mit dieser Frage ist es nun an Ralphs Reihe, sich um

eine genauere Antwort zu bemühen. Jedenfalls sollte der Vater darauf bestehen, die Themen «Mopedfahren im alkoholisierten Zustand» und «Fahren ohne Sturzhelm» zur Sprache zu bringen und sich dabei vergewissern, dass Ralph alle Punkte zur Kenntnis genommen hat. Dies umso mehr, wenn Ralph Regeln und Vereinbarungen verletzt hat, die etwa im Hinblick auf die Benutzung des Mopeds bereits zuvor festgelegt worden waren.

Generell ist es wichtig, dass mit Hilfe der Methode des Überprüfens zwischen Eltern und Jugendlichen eine gemeinsame Basis für die Inhalte des Gesprächs hergestellt wird. Wie sich das Gespräch dann weiter entwickelt, steht auf einem anderen Blatt, zumal wenn die Jugendlichen versuchen, vom eigentlichen Thema abzulenken bzw. ihr Verhalten zu bagatellisieren oder gar abzuleugnen. Oder wenn sie sich darum bemühen, für sie neue und «günstigere» Vereinbarungen auszuhandeln. In diesem Fall kann die Methode des Abbrechens für die Eltern eine hilfreiche Ressource sein.

4.4.4
Abbrechen

Die Methode des *Abbrechens* eignet sich besonders dann, wenn Kinder jeglichen Alters versuchen, bestehende Regeln auszuhebeln. Es ist dies das beliebte Spiel des *Grenzentestens*, gewissermaßen das Gegenstück zum elterlichen *Grenzensetzen*. Kinder und zumal Jugendliche wollen nämlich wissen, ob das, was ihre Eltern von ihnen *mit Worten* fordern oder was sie gemeinsam mit ihren Eltern als eine Regel *mit Worten* vereinbart haben, auch wirklich Bestand hat. Es geht also ganz konkret darum, zu testen, ob es die Eltern auch wirklich ernst meinen. Vor diesem Hintergrund stellt sich die Frage: Unter welchen Bedingungen wäre Ralph's Vater gut beraten, beim morgendlichen Gespräch am Frühstückstisch auf die Methode des Abbrechens zurückzugreifen?

Beispiel

Nachdem Ralph mehr oder weniger zähneknirschend die von seinem Vater aufgestellte Agenda für das Frühstücksgespräch zur Kenntnis genommen hat, versucht er wortreich, mit Argumenten wie «macht doch jeder» oder «war doch nur ne Ausnahme» oder «ist doch nichts passiert» oder «hast Du ja sicher auch schon gemacht» oder «sei doch nicht so pingelig», usw. sein Verhalten zu bagatellisieren und zugleich Widerstand zu signalisieren. An dieser Stelle läuft der Vater Gefahr, sich auf eine endlose Diskussion bzw. einen strapaziösen «Familientanz» einzulassen. Um dem zu entgehen, kann er die Methode des Abbrechens anwenden, indem er z. B. sagt: «Moment mal, stopp! Du weißt genau: es gibt Regeln, die sind verhandelbar, und andere, die sind es nicht. Wann Du nach Hause kommst, ist verhandelbar – unter bestimmten Bedingungen, die zunächst mal nicht verhandelbar sind und die Du in der letzten Nacht nicht eingehalten hast, obwohl Du Dein Handy dabei hattest. Absolut nicht verhandelbar sind die Dinge, die wir mit Dir vereinbart haben, als Du Dein Mofa bekommen hast – und zwar, weil es um Deine Sicherheit geht. Dazu gehören ‹keine Fahrt ohne Helm› und ‹keine Fahrt mit Alkohol im Blut›. So, und jetzt schauen wir mal, wie es in Zukunft weitergehen soll.»

Der Vater hat mit der Methode des Abbrechens nicht nur uferlose Diskussionen vermieden, sondern noch einmal die wichtigen Themen in den Blick genommen. Zugleich hat er seien Bereitschaft gezeigt, Lösungen zu finden, mit denen Vorfälle wie die in der letzten Nacht in Zukunft vermieden werden können.

4.4.5
Problemlösen

Für Jugendliche gilt in besonderem Maße, dass Eltern gut daran tun, ihren Nachwuchs angemessen an der *Lösung eines Problems* zu beteiligen. Nur so können sie letztlich auch erreichen, dass ihre Teenager eigenständige Akteure ihres Problemmanagements werden und somit selbst Verantwortung für ihr Tun und Lassen übernehmen. In diesem Sinne haben die nächsten fünf Punkte in dem Diagramm von Abbildung 6 – angefangen vom *Ermutigen* bis zum Anbieten *begrenzter Wahlmöglichkeiten* – alle etwas mit dem Thema Problemlösen, Eigenständigkeit und Verantwortlichkeit zu tun.

(1) Ermutigung
Die Sprache der *Ermutigung* ist in vielen Fällen der Türöffner für Kooperation. So auch im Falle des vom Vater arrangierten Frühstücksgesprächs mit seinem Sohn Ralph.

> **Beispiel**
>
> Nachdem der Vater den Boden für eine zukunftsorientierte Vorgehensweise in Sachen «Nachhausekommen» und «Mofa-Nutzung» bereitet hat, kann er zunächst seiner Zuversicht Ausdruck verleihen, dass das Vorhaben gelingen wird und dass Ralph dazu einen wesentlichen Beitrag leisten kann. Er kann z. B. sagen: «Lass uns jetzt mal drüber reden, wie wir in Zukunft verhindern können, dass es nicht wieder zu einer Situation kommt, wie wir sie in der letzten Nacht hatten. Ich bin sicher, dass wir einen Weg finden und dass Du auch ein paar gute Ideen dazu hast.»

Beschimpfungen, Demütigungen, Lächerlichmachen, Schuldzuweisungen etc. lassen Kinder jeden Alters zugehen wie eine Auster und erzeugen bei ihnen Wut, Rachegefühle, Trotz, Widerstand, also all jene Dinge, die eine Kooperation eher verhindern als ermöglichen. Mit ermutigenden Hinweisen erreichen die Eltern viel leichter, dass es zu positiven Lernerfahrungen kommt.

Übrigens gilt dies nicht nur für Kinder oder Jugendliche, sondern auch für Erwachsene. Niemand, dem bei der Arbeit ein Fehler unterlaufen ist, lässt sich gerne von seinem Chef oder seiner Chefin sagen, er sei ein Ausbund an Inkompetenz, dem man im Grunde nichts zutrauen könne. Selbst für den Fall, dass in Zukunft Fehler vermieden werden können, wird ein solches Verhalten des Vorgesetzten die Arbeitsmotivation kaum beflügeln.

(2) Positives Rollenmodell

Der nächste Punkt, *positives Rollenmodell*, ist ein Spezialfall der Ermutigung zu selbstverantwortlichem Verhalten, wobei die Eltern deutlich einen aktiven Part übernehmen. Für den Vater von Ralph könnte das z. B. beim Thema «alkoholisiert mit einem Fahrzeug unterwegs sein» folgendermaßen aussehen:

Beispiel

«Also, Ralph, vorhin als wir über Alkohol im Straßenverkehr gesprochen haben, hast Du gesagt, ich hätte das sicher auch schon mal gemacht. Bingo, das war ein Treffer. Willst Du wissen, was passiert ist?» (Ralph nickt zustimmend) «Okay, ich war damals ungefähr so alt wie Du. Ein Mofa hatte ich zwar nicht, aber ein Fahrrad, mit dem ich an einem Abend zu einer Party gefahren bin. Es ging ziemlich hoch her und ich habe einiges getrunken – vor allem Bier. Tja, und als die Party zu Ende war, habe ich mich auf mein Rad geschwungen, um nach Hause zu fahren. Ich war ein bisschen angeschickert, aber trotzdem habe ich mich absolut fit gefühlt. Und dann ist es passiert – an einer Kreuzung, ich war ziemlich schnell unterwegs. Die Scheinwerfer von rechts habe ich zwar gesehen, aber ich hab gedacht: das schaff ich noch. Das war ein Irrtum. Der Autofahrer hat scharf gebremst, trotzdem hat er mich am Hinterrad erwischt, und ich flog im hohen Bogen vom Rad. Ergebnis: eine klaffende Platzwunde am Kopf und eine leichte Gehirnerschütterung. Dabei hatte ich noch Glück, denn einen Helm hatte ich natürlich nicht auf. Für mich war das Ganze ein Warnschuss und eine Lehre. Ich bin zwar kein Abstinenzler geworden. Und Radfahren tue ich auch heute noch gern, aber mit Helm – wie Du weißt. Dreimal darfst Du raten, welche Lehre ich aus der Geschichte gezogen habe, außer dass ich seitdem beim Radfahren immer einen Helm trage.

Der Vater hat sich mit dieser Episode in mehrfacher Hinsicht als ein positives Rollenmodell ausgewiesen. Zum einen hat er bei seinem Sohn Punkte gemacht, indem er ein eigenes Fehlverhalten zugegeben hat. Zum anderen hat er mit der Bemerkung über den Fahrradhelm ein konkretes Beispiel für eine nachhaltige Lehre genannt, die er aus dem Unfall gezogen hat. Und schließlich hat er zu verstehen gegeben, dass man aus einem Fehlverhalten nicht unbedingt den Schluss ziehen muss, die entsprechende Aktivität gänzlich aufzugeben. Letzteres führt uns unter dem Stichwort «Noch einmal versuchen» zu einem weiteren Aspekt des Problemlösens.

(3) Noch einmal versuchen

Allgemein gesprochen ist die Methode *Noch einmal versuchen* besonders dann hilfreich, wenn eine an und für sich positiv bewertete Tätigkeit wie z. B. Mopedfahren zu negativen Konsequenzen führt, weil etwas im gesamten Verhaltensablauf nicht stimmt. Im Falle von Ralph hat sein Vater grundsätzlich nichts dagegen, dass er ein Moped benutzt. Doch müssen aus seiner Sicht einige unerlässliche Voraussetzungen erfüllt sein, über die sich Ralph im konkreten Fall hinweg gesetzt hat. Der Vater kann also seinem Sohn sagen, dass er im Prinzip keine Einwände hat, wenn Ralph demnächst wieder einmal mit seinem Moped zu einer Party fährt – allerdings nur unter bestimmten Bedingungen.

> ## Beispiel
>
> «Damit wir uns nicht falsch verstehen, ich habe überhaupt nichts dagegen, dass Du Dein Moped benutzt – auch wenn Du mal wieder zu einer Party willst. Nur eins muss klar sein: Alkohol ist dann tabu, genauso wie ohne Helm fahren. Ist das klar?»

Vermutlich wird Ralph gern zustimmen, in der Hoffnung, dass ein für ihn unangenehmes Gespräch damit sein Ende nimmt. Allerdings hat er dabei die Rechnung ohne den Wirt gemacht. Da sein Vater natürlich weiß, dass es nicht so ganz einfach ist, sich auf einer Party ausschließlich mit Mineralwasser oder Cola zu amüsieren, hakt er noch einmal nach, um in einer solchen Situation unterschiedliche Möglichkeiten zu erkunden.

(4) Unterschiedliche Möglichkeiten erkunden

Mit dem *Erkunden unterschiedlicher Möglichkeiten* können Eltern einen Beitrag dazu leisten, die Problemlösefähigkeiten ihrer Jugendlichen im Hinblick auf ganz bestimmte Situationen zu stärken. So auch Ralphs Vater, der sich mit der raschen Zustimmung seines Sohnes nicht zufrieden gibt und ihn – wie in dem folgenden Beispiel – selbst nach möglichen Lösungen suchen lässt:

> ## Beispiel
>
> «Finde ich gut, dass wir da einer Meinung sind. Aber was machst Du, wenn – wie in der letzten Nacht – die Stimmung steigt und der Alkoholspiegel auch? Glaubst Du wirklich, dass Du dann als Einziger bei Deiner Cola bleibst?»
>
> Wenn Ralph zögerlich reagiert, kann der Vater nachfassen: «Okay, ich seh schon, den Abstinenzler zu spielen, ist nicht unbedingt Deine Sache. Was kannst Du also sonst tun?»
>
> An dieser Stelle ist es wichtig, dass der Vater seinem Sohn die Möglichkeit gibt, selbst Lösungsvorschläge zu unterbreiten, wie z. B. «erst gar nicht mit dem Moped hinfahren, sondern den Bus nehmen» oder «mit dem Moped hinfahren, es dann aber dort stehen lassen» oder «mit dem Bus nach Hause fahren» oder «ein Taxi nehmen» oder «mich von Dir abholen lassen» oder «bei meinem Freund übernachten», etc.

Obwohl es – wie bereits erwähnt – wichtig ist, dass die Jugendlichen selbst Lösungsvorschläge machen, müssen nicht alle dieser Vorschläge zwangsläufig auch die Zustimmung der Eltern finden. Um hier klare Verhältnisse zu schaffen, können Eltern auf die Methode der begrenzten Wahlmöglichkeiten zurückgreifen.

(5) Begrenzte Wahlmöglichkeiten

Die Methode der *begrenzten Wahlmöglichkeiten* ist außerordentlich hilfreich, wenn es darum geht, Jugendlichen klare Grenzen aufzuzeigen, ihnen zugleich aber auch ihre Wahlfreiheit zu belassen – soweit sie vertretbar ist. Die Minimalvariante besteht darin, zwei Alternativen anzubieten, zwischen denen gewählt werden kann. Schauen wir uns an, wie Ralph's Vater die Methode der begrenzten Wahlmöglichkeiten im Hinblick auf das Moped- und Alkoholproblem einsetzt.

> ### Beispiel
>
> «Super, da sind doch ein paar gute Vorschläge dabei. Welcher ist denn für Dich der beste?» Wenn Ralph sich z. B. dafür ausspricht, zunächst mal mit dem Moped zur Party zu fahren, um es dann gegebenenfalls stehen zu lassen und auf andere Weise nach Hause zu kommen, kann der Vater dem zustimmen, im Vertrauen auf die Zuverlässigkeit seines Sohnes. Zugleich sollte er jedoch einige notwendige Einschränkungen vornehmen, z. B. indem er sagt: «Gut, ich vertraue darauf, dass Du entscheiden kannst, wann Du Dein Moped stehen lässt. Wie Du nach Hause kommst – ob mit dem Bus oder mit dem Taxi – ist Deine Sache. Nur die Variante ‹Papa als Taxi-fahrer› ist nicht drin. Und übrigens: wenn Du ein Taxi benutzt, ist ja wohl klar, dass Du das – genauso wie den Bus – von Deinem Taschengeld bezahlst. Du hast also die Wahl.»

Wenn der Vater Ralphs Einverständnis zu diesem Punkt eingeholt hat, kann er die nächsten Problempunkte ansprechen: das Sturzhelmthema und Ralphs Zuspät-kommen.

Bevor wir darauf zu sprechen kommen, wollen wir jedoch festhalten, dass wir einige der wichtigsten *verbalen Methoden* kennen gelernt haben, auf die Eltern zurückgreifen können, um ihren Jugendlichen einerseits Grenzen zu setzen, ande-rerseits aber auch Erfahrungen zu ermöglichen, die zur Entwicklung ihrer Selbst-verantwortlichkeit beitragen. Leider sind jedoch verbale Aufforderungen, Verein-barungen und Regeln nicht immer ein Garant dafür, dass Kinder sich entsprechend verhalten – und dies schon gleich gar nicht, wenn sie im Teenageralter sind. Des-halb ist es außerordentlich wichtig, den Worten Taten folgen zu lassen. Und zwar solche, die auf möglicherweise schmerzliche, aber dennoch respektvolle Weise zu erkennen geben, dass inakzeptables Verhalten auf klare und unumstößliche Gren-zen trifft, die konsequent aufrecht erhalten werden. Wir wenden uns damit dem *Handlungsteil* in Abbildung 6 zu. Je nach Situation sind hier vor allem drei Methoden hilfreich, nämlich *natürliche Konsequenzen*, *logische Konsequenzen* und die zuvor schon einmal erwähnte *Auszeit*.

4.4.6
Natürliche Konsequenzen

Natürliche Konsequenzen sind, wie die Bezeichnung schon sagt, eine natürliche Folge des Fehlverhaltens von Jugendlichen. Dadurch wird ihnen ohne Zutun der Eltern eine Lektion erteilt, aus der sie eine wichtige Lernerfahrung gewinnen kön-nen. Voraussetzung ist allerdings, dass die Eltern diese natürliche Lektion nicht sabotieren, was vor allem bei nachgiebigen Eltern häufig der Fall ist.

> ### Beispiel
>
> Ein Beispiel für eine natürliche Konsequenz haben wir zuvor schon unter dem Stichwort «positi-ves Rollenmodell» kennen gelernt: als Ralphs Vater ihm seine eigene Geschichte vom Radfahren im angetrunkenen Zustand und ohne Sturzhelm erzählte. Für den Vater endete die Geschichte

bekanntlich mit einer Platzwunde und einer Gehirnerschütterung. Sie hätte allerdings auch noch dramatischer ausgehen können. Aber auch weniger dramatische natürliche Konsequenzen können es in sich haben, so z. B. wenn Ralph sein Mofa unabgesperrt stehen ließe, und später feststellen müsste, dass es gestohlen wurde. Wer würde dann für die Folgen aufkommen?

Natürliche Konsequenzen empfehlen sich vor allem bei Unachtsamkeiten oder Nachlässigkeiten, die – wie in dem genannten hypothetischen Fall – mit einem nicht unerheblichen finanziellen Verlust einhergehen. Wichtig ist dabei, dass die Eltern die Wirkung natürlicher Konsequenzen, auch wenn das manchmal schwer fällt, nicht aufheben, indem sie z. B. vorschnell einen Verlust ausgleichen. Wenn sie dies tun, werden sie unglaubwürdig und torpedieren letztlich bei ihren Jugendlichen die Entwicklung von Achtsamkeit und Verantwortlichkeit.

4.4.7
Logische Konsequenzen

Eine zweite und wesentlich häufiger einsetzbare Vorgehensweise, mit der Eltern ihren Worten durch Taten Nachdruck verleihen können, ist die Methode der *logischen Konsequenzen*. Im Gegensatz zu natürlichen Konsequenzen beruhen sie auf der Verletzung bzw. Missachtung von Regeln und Vereinbarungen, die zwischen Eltern und ihren Jugendlichen getroffen wurden. Kehren wir noch einmal zurück zum Frühstücksgespräch von Ralph und seinem Vater. Bislang hatte der Vater im Wesentlichen einige Vorarbeiten zum Thema «Mopedfahren und Alkohol» geleistet. Jetzt geht es darum, die ganze Abfolge von Ralphs inakzeptablem Verhalten noch einmal ins Visier zu nehmen und mit logischen Konsequenzen zu verknüpfen.

Beispiel

Zunächst geht der Vater noch einmal auf Ralphs Mopedfahren unter Alkoholeinfluss ein. «Also, Ralph, zum Thema ‹Moped und Alkohol› haben wir ja eine Lösung gefunden, mit der Du auch einverstanden bist. Aber was passiert, wenn Du Dich nicht dran hältst? Die Antwort kann ich Dir sagen: Wenn Du noch einmal auch nur leicht alkoholisiert mit Deinem Moped unterwegs bist, werde ich Dein Moped für vier Wochen wegsperren. Gleiches gilt, wenn ich Dich erwische oder wenn mir zu Ohren kommt, dass Du ohne Helm fährst. Ja, und noch etwas: Wenn Du in Zukunft abends weggehst und nicht spätestens um halb eins zu Hause bist oder uns zumindest verständigt hast, dass Du später kommst, wird Deine Ausgezeit am Abend für die nächsten vier Wochen um eine halbe Stunde auf zwölf Uhr verkürzt. Danach können wir eventuell wieder zur alten Ausgehzeit zurückkehren. Wie es dann weiter geht, werden wir sehen. Du weißt ja: es gibt verhandelbare und nicht verhandelbare Themen.

Der wichtigste Punkt bei den logischen Konsequenzen ist, dass sie nicht nur als eine Regel *ausgesprochen* werden, sondern auch *in die Tat umgesetzt* werden, wenn sie verletzt oder missachtet werden. Regeln ohne Konsequenzen sind wie zahnlose

Tiger – sie haben keinen «Biss» und bewirken nichts, außer der Lernerfahrung für Kinder und Jugendliche, dass sie nicht Ernst genommen werden müssen. Letztlich strahlt chronische Inkonsequenz auch auf die Eltern selbst ab: sie werden von ihren Kindern nicht Ernst genommen.

4.4.8
Auszeit

Bei einem nochmaligen Blick auf Abbildung 6 (S. 71) bleibt zum Schluss noch die *Auszeit* als eine handlungsbezogene Methode des Grenzensetzens. Wir haben sie in einem besonderen Fall, nämlich im Zusammenhang mit dem *Abkühlen* bei hitzigen Auseinandersetzungen, bereits kennen gelernt. Allgemein gesprochen sind Auszeiten nichts anderes als eine besondere Variante der logischen Konsequenz. Eine Auszeit kann mit bestimmten Formen inakzeptablen Verhaltens verbunden werden, vor allem bei körperlichen Aggressionen, bei gehäuftem Grenzentesten oder bei respektlosem bzw. trotzigem und oppositionellem Verhalten. Allerdings ist – im Gegensatz zu kleineren Kindern – bei Jugendlichen das klassische Verhängen einer «Auszeit» (z. B. das Kind für eine bestimmte Zeit auf sein Zimmer oder in einen möglichst anregungsarmen Raum zu schicken) wenig hilfreich – zumal es häufiger die Jugendlichen sind, die sich selbst eine «Auszeit» nehmen, wenn sie sich über etwas geärgert haben oder einfach keine Lust haben zu reden. Für die Eltern ist es dann eher angesagt, mit ihren Teenagern in Kontakt zu bleiben und auch selbst dann den Gesprächsfaden nicht abreißen zu lassen, wenn ein Gespräch von Seiten des Jugendlichen momentan nicht erwünscht ist.

Im Übrigen ist die Auszeit – wenn sie pädagogisch sinnvoll eingesetzt wird – weder eine «Strafaktion», noch sind Regeln starre Wälle, an denen der Widerstand der Kinder zerschellt. Mit zunehmender Reife können Kinder und Jugendliche schrittweise größere Verantwortung übernehmen. Wie wir bereits im ersten Kapitel erfahren haben, bedeutet dies, dass Jugendliche einen zunehmend größeren Handlungsspielraum benötigen, um ihre Eigenverantwortung auch praktizieren zu können. Insofern sind Regeln nicht unumstößlich, sondern verändern sich mit den Kindern und können mit ihnen auf eine altersangemessene Weise neu ausgehandelt werden. Dies allerdings nur, sofern es dabei nicht – wie im Fall von Ralph – um Themen wie z. B. Sicherheit geht, die von den Eltern als nicht verhandelbar deklariert werden.

Nach all dem, was wir in diesem Kapitel angesprochen haben, dürfte deutlich geworden sein: Für Eltern ist es keine leichte Aufgabe, wenn sie ihre Erziehung weder nach dem Motto «Freiheit ohne Grenzen» (als Ausdruck eines permissiven oder gar vernachlässigenden Elternverhaltens), noch an dem Leitbild von «Grenzen ohne Freiheit» (entsprechend dem autoritären Erziehungsmodell) ausrichten, sondern sich am Konzept «Freiheit in Grenzen» im Sinne eines demokratischen Erziehungsverständnisses orientieren. Dies um so mehr, wenn es darum geht, im alltäglichen Erziehungsgeschäft auch in schwierigen Situationen gegenüber ihren

Jugendlichen eine respektvolle, ihre Eigenständigkeit unterstützende und dennoch klare Grenzen setzende Erziehungsphilosophie durchzuhalten. Nachdem es – wie häufig beklagt wird – für dieses durchaus anspruchsvolle und zugleich verantwortungsvolle elterliche Erziehungsgeschäft im Gegensatz zu anderen Lebensbereichen keinerlei verbindliche Ausbildung gibt, wollen wir nun unseren DVD-gestützten Elterncoach für Eltern von Jugendlichen ins Spiel bringen.

Lernen Sie also zunächst die Familie Fürstenau kennen, die uns mit ihren diversen Erziehungsproblemen auf der DVD begleiten wird. Im Anschluss daran soll noch kurz die Funktionsweise der interaktiven DVD erläutert werden.

5 Gestatten: Familie Fürstenau

Das Ehepaar Fürstenau lebt mit seinen beiden Kindern Silvi und Ralph in einer gemieteten Fünf-Zimmer-Maisonettewohnung in einer größeren Stadt.

Die Mutter der Familie heißt Birgit, ist 42 Jahre alt, hat eine Ausbildung als Journalistin absolviert und arbeitet seit fünf Jahren erfolgreich in einer Werbefirma. Sie ist dort als Texterin in der Kreativabteilung vor allem für Texte von Anzeigenkampagnen in Zeitschriften und von Fernsehwerbespots zuständig. In ihrer Freizeit betreibt sie gern Sport und besucht einmal in der Woche ein Fitness-Studio. Außerdem ist sie eine ausgezeichnete Skifahrerin. Als Jugendliche war sie sogar einige Zeit im nationalen Trainingskader ihrer Altersklasse. Sie interessiert sich für modernes Theater und geht gern in Galerien für moderne Kunst. Auch unterstützt sie aktiv die Organisation «terre des hommes» und ist im Elternbeirat der Schule ihrer Tochter Silvi.

Der Vater, Peter Fürstenau, ist 43 Jahre alt und arbeitet seit elf Jahren als Bauingenieur in einer überregional tätigen Baufirma. Er ist vor allem für das Management größerer Projekte verantwortlich und hat häufig mit Kundenkontakten zu tun. Sein Beruf bringt es mit sich, dass er viel unterwegs ist. Deswegen genießt er es umso mehr, wenn er seine freie Zeit zu Hause verbringen kann. Er hat ein Faible für englische Kriminalromane, die er im Original liest, und besitzt eine umfangreiche CD-Sammlung mit Free Jazz Aufnahmen. Körperlich hält er sich – auch wenn er unterwegs ist – mit Joggen fit. Außerdem teilt er mit seiner Frau die Freude am Skifahren. Ähnlich wie seine Frau unterstützt auch er die Organisation «terre des hommes» und engagiert sich im Elternbeirat seines Sohnes Ralph.

Tochter Silvi ist 15 Jahre alt und geht in die Realschule, die sie in einem Jahr mit der mittleren Reife verlassen will, um dann eine Ausbildung als Erzieherin zu beginnen. Sie interessiert sich sehr für Kinder und deren Entwicklung. Zu diesem Thema hat sie schon einiges gelesen und auch schon einmal in einem Kindergarten hospitiert. Seit drei Monaten hat sie einen Freund namens Toby, den sie bei einem Tanzkurs kennen gelernt hat und mit dem sie gern auf Partys geht. Außerdem ist sie eine sehr gute Schwimmerin. Sie trainiert regelmäßig mit der Schwimmstaffel ihres Vereins und nimmt an Wettbewerben teil. Zu Hause löst sie gern Sudokus – auch online über ihren Computer. Und manchmal hat sie Lust, für die ganze Familie etwas Ausgefallenes zu kochen.

 Ralph ist 17 Jahre alt und geht in die zehnte Klasse eines neusprachlichen Gymnasiums. Seine Noten lassen aus der Sicht seiner Eltern in letzter Zeit zu wünschen übrig. Sie führen dies darauf zurück, dass er zuviel Zeit für seine Hobbys verwendet. Besonders viel beschäftigt sich Ralph mit seinem Computer, vor allem mit Computerspielen, die ihn oft bis in die Nacht hinein in Beschlag nehmen. Dabei trägt er mit einer Gruppe anderer Jugendlicher auch Wettbewerbe im Internet aus. Trotzdem bleibt ihm auch noch Zeit für seine Freundin Kathi, die er seit einem Jahr kennt und mit der er viel unternimmt. Beide interessieren sich für Eishockey und sind Fans ihres lokalen Eishockeyclubs. Außerdem gehen sie beide gern zum Tanzen in verschiedene Discos oder treffen sich mit Freunden, wenn irgendwo eine Party ist.

6 Wie funktioniert der DVD-Elterncoach?

6.1 Einführung

Die interaktive DVD für Eltern mit Jugendlichen enthält eine Fülle von Filmbeispielen, Erläuterungen und Tipps zur Stärkung elterlicher Erziehungskompetenzen.

Der Hauptinhalt der DVD sind Filme zu fünf verschiedenen «*Erziehungssituationen*», die alle Eltern kennen. Anschließend an jede Situation stehen drei Lösungsalternativen der Reaktion zur Auswahl. Klicken Sie auf die Variante, die beschreibt, wie Sie selbst am ehesten handeln würden. Ein kurzer Film zeigt dann, wie es weitergeht.

Nach diesem Film können Sie einen *Kommentar* ansehen, der noch einmal auf die Frage eingeht: «Was ist passiert?».

Im *Fazit* wird unter der Fragestellung

- «wie verhalten sich die Eltern?» und
- «was lernt der Jugendliche?»

das Augenmerk auf die Verhaltensmuster der Eltern und deren Auswirkungen auf die Kinder gerichtet. In den dazugehörigen Texten finden Sie außerdem Erziehungstipps.

Wenn Sie einen Lösungsversuch angesehen haben, können Sie sich natürlich auch die anderen Lösungsvorschläge anschauen. Durch den Vergleich erfahren Sie dabei, wie sich unterschiedliches Erziehungsverhalten auswirken kann.

Wie wird *Erziehungsverhalten* zum *Erziehungsstil*? Zu dieser Frage erhalten Sie Antworten im Kapitel «*Der Rote Faden*». Wir empfehlen Ihnen, zunächst mindestens zwei Erziehungssituationen anzusehen, bevor Sie sich mit diesem Kapitel befassen.

Das Kapitel «*Erziehungstipps*» enthält zwölf einfache aber effektive Tipps zur Verbesserung Ihres Erziehungsverhaltens.

Die **Abbildung 7** gibt einen grafischen Überblick über den thematischen Aufbau der DVD.

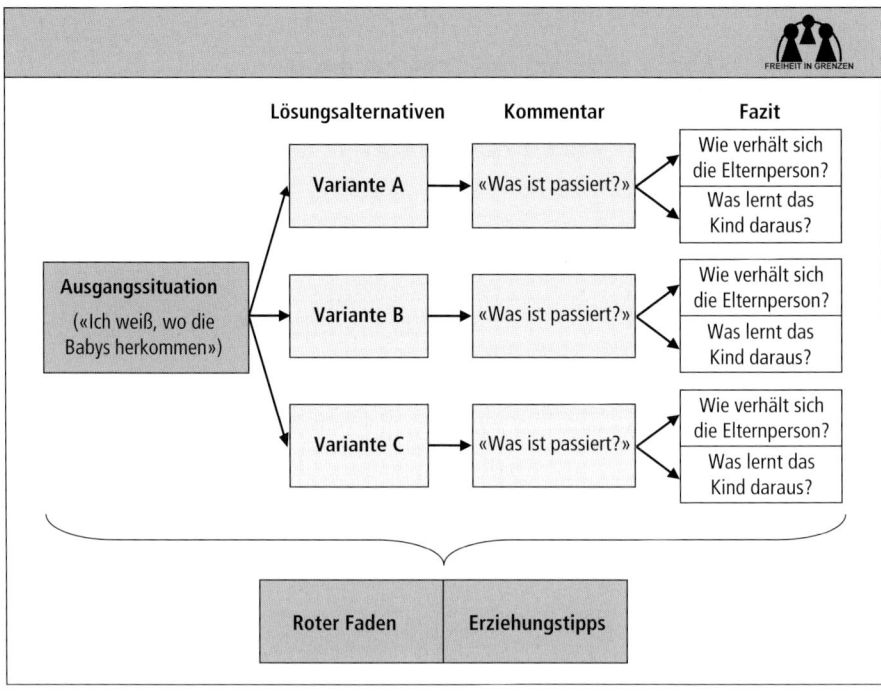

Abbildung 7: Thematischer Aufbau des DVD-Elterncoachs

6.2
Bedienung

Legen Sie die DVD in ihren DVD-Player mit der silbernen Fläche nach unten ein.

Für die Navigation der DVD benötigen Sie folgende Tasten:

- |<< (zurück skippen),
- >>| (vorwärts skippen),
- «MENÜ»-Taste (Untermenü),
- «TITLE»-Taste (Hauptmenü).

Wenn Sie sich in einer der fünf Erziehungssituationen befinden, schauen Sie sich entweder den Film an oder skippen Sie diesen mit Ihrer >>| Taste, um so zum nächsten Auswahlmenü zu gelangen.

Wenn Sie zurück zum Hauptmenü gelangen wollen, drücken Sie entweder die TITLE-Taste oder die UNTERMENÜ-Taste oder die in jedem Untermenü auffindbaren Buttons (z. B. «HAUPTMENÜ» Hauptmenü).

Nach Ablauf des Intros, d. h. eines kurzen Zusammenschnitts einiger Szenen aus der DVD, gelangen Sie automatisch auf die Navigationsoberfläche des Hauptmenüs (siehe **Abbildung 8**).

Abbildung 8: Navigationsoberfläche des Hauptmenüs

Wählen Sie zunächst den Button «Erziehungssituationen», um in die Auswahl der stets besonders herausfordernden Erziehungssituationen (Ausgangssituation) zu gelangen (siehe **Abbildung 9**).

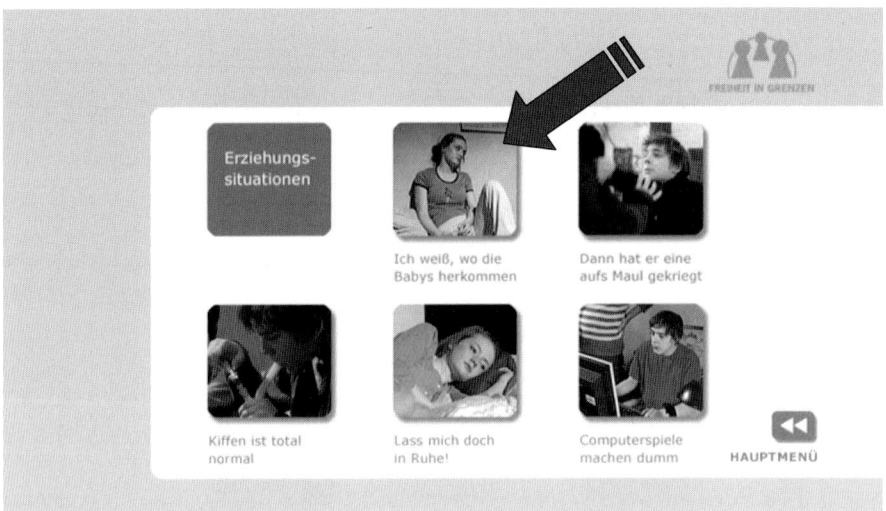

Abbildung 9: Untermenü – Auswahl der Ausgangssituationen (nach Klick auf den Button «Erziehungssituationen» im Hauptmenü)

Im Folgenden wollen wir Sie nun Schritt für Schritt damit vertraut machen, wie Sie sich am Besten durch die einzelnen Erziehungsszenarien durcharbeiten.

Als erstes wählen Sie ein Ausgangsszenario aus (hier als Beispiel «Ich weiß, wo die Babys herkommen») und sehen sich den Film an.

Nun können Sie selbst aktiv werden und Ihre eigenen Gedanken und Gefühle einbringen. Überlegen Sie kurz, was hier passiert ist und wie Sie selbst in dieser Situation reagieren würden. Machen Sie sich hierzu Notizen auf dem entsprechenden Reflexionsbogen (siehe **Abbildung 10**), und diskutieren Sie, wenn Sie möchten, darüber mit Ihrem Partner.

«Was habe ich wahrgenommen?»

_____

_____

_____

_____

_____

_____

_____

_____

_____

_____

_____

«Wie würde ich jetzt spontan reagieren?»

_____

_____

_____

_____

_____

_____

_____

Abbildung 10: Beispiel einer Reflexionsübung zu den jeweiligen Ausgangsszenarien

Im nächsten Schritt bietet Ihnen der Elterncoach die Auswahl zwischen drei verschiedenen denkbaren Handlungsalternativen A, B oder C als Reaktion auf die Ausgangssituation (Handlungsalternativen: «Was würden Sie als nächstes machen, wenn Sie an Stelle der Eltern wären?», siehe **Abbildung 11**). Wählen Sie z. B. die Ihrer Reaktion am nächsten kommende Lösungsalternative aus und sehen Sie sich den Film an.

Abbildung 11: Untermenü – Auswahl der Handlungsalternativen der Erziehungssituation «Ich weiß, wo die Babys herkommen»

Nun überlegen Sie sich, was in dieser Variante gerade passiert ist. Am Besten ist, wenn Sie sich dabei an ganz konkrete Ereignisse oder Dinge, die Ihnen aufgefallen sind, erinnern und diese notieren (siehe **Abbildung 12**).

«Was ist passiert?»

Abbildung 12: Beispiel einer Reflexionsübung zu den jeweiligen Lösungsvarianten

Wir empfehlen Ihnen, sich anschließend anzusehen, was der Elterncoach zu der ausgewählten Lösungsvariante sagt, indem Sie auf «Erläuterung: Was ist passiert?» klicken (siehe **Abbildung 13**) und so zum «Kommentar» weitergeleitet werden. Sie können dann vergleichen, inwieweit das, was Sie in der Erläuterung gesehen und gehört haben, mit dem übereinstimmt, was auch Ihnen aufgefallen ist.

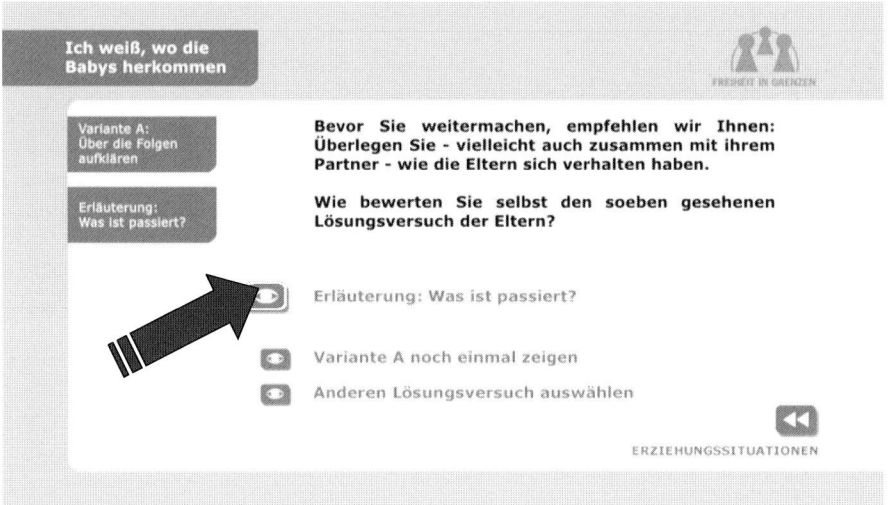

Abbildung 13: «Erläuterung: Was ist passiert?» der «Variante A» der Erziehungssituation «Ich weiß, wo die Babys herkommen»

Vergleichen Sie nun, was Sie aufgeschrieben haben – sind Sie zu ähnlichen Ergebnissen gekommen?

Im Anschluss an diese Erläuterung können Sie analog zu dem bisherigen Vorgehen zunächst für sich ein Fazit ziehen, und zwar zum einen unter der Perspektive, wie sich die Eltern verhalten (z. B. «Wie verhält sich die Mutter, wie der Vater?») und zum anderen im Hinblick darauf, was die Jugendlichen aus der vorangegangenen Situation lernen (z. B. «Was lernt Silvi hierbei?»). Machen Sie sich wieder Notizen auf dem vorgesehenen Reflexionsbogen (vgl. **Abbildung 14**) und diskutieren Sie nach Möglichkeit mit Ihrem Partner über Ihre Wahrnehmungen.

«Wie verhalten sich die Eltern?»

«Was lernt Silvi?»

Abbildung 14: Beispiel einer Reflexionsübung zu den Fazits «Wie verhalten sich die Eltern?», «Was lernen die Jugendlichen?»

Sehen Sie sich im Anschluss daran das Videos des Fazits an, (vgl. **Abbildung 15**) um mehr über das Verhalten der Eltern und darüber zu erfahren, was die Jugendliche Silvi aus der vorangegangenen Situation gelernt hat.

Abbildung 15: «Fazit zu Variante A» der Erziehungssituation «Ich weiß, wo die Babys herkommen»

Nun erscheint ein weiteres Untermenü zur Auswahl eines anderen Lösungsversuchs (vgl. **Abbildung 16**). Sie können sich nun den Film erneut anschauen oder aber eine neue Handlungsalternative auswählen. Machen Sie sich auch zu den anderen Lösungsvorschlägen in ähnlicher Weise anhand der Reflexionsbögen immer zuerst Ihre eigenen Gedanken, bevor Sie jeweils die Erläuterung und das Fazit betrachten.

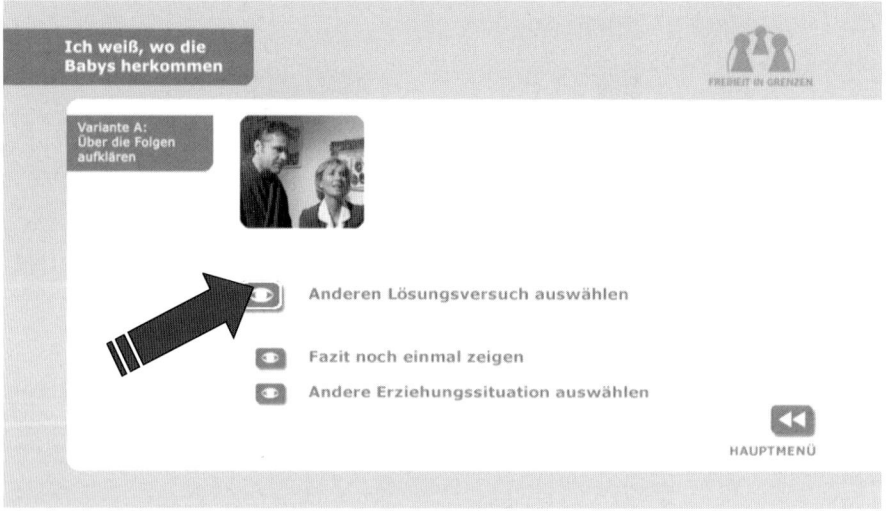

Abbildung 16: «Anderen Lösungsversuch auswählen» in der Erziehungssituation «Ich weiß, wo die Babys herkommen»

Wir empfehlen Ihnen, sich auf diese Art und Weise über mehrere Tage verteilt durch die fünf Erziehungsszenarien mit ihren jeweiligen Lösungsvarianten und Fazits durchzuarbeiten.

Sie haben bei der Menüführung auch jederzeit die Möglichkeit, die Ausgangsszenarien oder Lösungsvarianten noch einmal anzuschauen oder bestimmte Szenen auszuwählen, die sie besonders interessieren.

Auf der Navigationsoberfläche des Hauptmenüs können Sie sich durch Aktivierung der Schaltfläche «Erziehungstipps», die ein «Überleben in schwierigen Situationen» ermöglichen sollen, gesondert die zwölf Erziehungstipps ansehen.

Der «Rote Faden» gibt Erläuterungen zu den verschiedenen Erziehungsstilen, speziell zu dem Erziehungskonzept «Freiheit in Grenzen», dessen grundlegende Merkmale sich wie ein «roter Faden» durch alle Erziehungsszenarien dieser DVD ziehen.

6.3
Technische Hinweise

Diese DVD ist so programmiert, dass sie auf einem Standard-DVD-Player funktioniert.

Deshalb wird der einwandfreie Ablauf der DVD nur auf einem herkömmlichen DVD-Player garantiert.

7 Fünf typische Erziehungssituationen – was würden Sie tun?

Während auf der DVD aus den angebotenen Erziehungssituationen die einzelnen Szenarien beliebig ausgewählt werden können, werden sie im Folgenden in einer festen Reihenfolge dargestellt. Genauer gesagt: die Ausgangssituationen zu den fünf Erziehungsszenarien werden kurz beschrieben. Jeweils im Anschluss daran folgen dann die drei Lösungsvarianten und die dazu gehörigen Erläuterungen und Fazits – und zwar weitgehend so, wie sie auch auf der DVD zu hören bzw. zu lesen sind.

7.1 Sexualität oder «Ich weiß, wo die Babys herkommen»

Ausgangssituation

Es ist Samstagabend. Silvi, die 15jährige Tochter der Familie Fürstenau, hat sich in Schale geworfen und verabschiedet sich von Ihren Eltern. Sie sagt, dass sie zu einer Geburtstagsparty ihrer Freundin Lena will. Vereinbart wird, dass sie um Mitternacht wieder zu Hause ist und für alle Fälle ihr Handy dabei hat.

Ein paar Stunden später. Inzwischen ist es schon weit über zwölf und Silvi ist immer noch nicht zurück. Die Eltern sind bereits ins Bett gegangen und machen sich zunehmend Sorgen. Sie rufen bei Lenas Eltern an und müssen erfahren, dass Silvi gar nicht bei der Geburtstagsparty gewesen ist. Die Eltern sind ratlos. Ihre Besorgtheit nimmt zu, an Schlafen ist nicht zu denken. Schließlich – es ist mittlerweile bereits halb vier – greift der Vater zum Hörer, um die Polizei anzurufen. Im selben Augenblick, als er die Nummer wählt, ist auf der Straße ein Motorengeräusch zu hören. Die Eltern stürzen ans Fenster und sehen, wie Silvi vom Sozius eines Motorrollers steigt und sich mit einer leidenschaftlichen Umarmung von einem jungen Mann verabschiedet. Während Silvi leise auf dem Weg in ihr Zimmer ist, verlassen die Eltern das Schlafzimmer und kommen ihr entgegen.

«Was würden Sie als Nächstes machen, wenn Sie an der Stelle der Eltern wären?»

Bevor Sie sich einer der drei Möglichkeiten – die Varianten A, B und C – ansehen, möchten wir Sie zunäcsht dazu auffordern, sich ein paar Gedanken zu dieser Ausgangssituation zu notieren, und im Anschluss zu überlegen, wie Sie selbst reagieren würden. Diskutieren Sie Ihre Notizen nach Möglichkeit mit Ihrem Partner bzw. einer anderen Elternperson.

Reflexionsübung 5: «Was habe ich wahrgenommen», «Wie würde ich jetzt spontan reagieren?»

«Was habe ich wahrgenommen?»

_____

_____

_____

_____

_____

_____

_____

_____

_____

_____

«Wie würde ich jetzt spontan reagieren?»

_____

_____

_____

_____

_____

_____

_____

_____

_____

_____

Variante A

«Die Tochter über die Folgen von Sexualität aufklären»

Nun überlegen Sie sich nach dem Ansehen dieses Lösungsvorschlags bevor Sie weiter lesen, was in dieser Variante gerade passiert ist. Versuchen Sie sich dabei an ganz konkrete Ereignisse oder Dinge, die Ihnen aufgefallen sind, zu erinnern, notieren Sie diese und diskutieren Sein nach Möglichkeit wieder über Ihre Wahrnehmungen.

Reflexionsübung 6: «Was ist passiert?»

«Was ist passiert?»

_____

_____

_____

_____

_____

_____

_____

_____

_____

_____

_____

_____

_____

_____

_____

_____

_____

_____

Erläuterung: Was ist passiert?

Die Eltern passen Silvi auf der Treppe ab, um sie zur Rede zu stellen. Die Regie übernimmt der Vater. In leicht vorwurfsvollem Ton eröffnet er das Gespräch mit ein paar Fragen. Silvi lässt ihn mit überlegenem Lächeln und knappen Antworten ins Leere laufen. Nun schaltet sich die Mutter ein. Sie weist ihre Tochter zwar zurecht, doch ihr Tadel klingt blass und wenig überzeugend. Letztlich überwiegt aber ihre Erleichterung über Silvis heile Rückkehr. Für Silvi ein im wahrsten Sinne des Wortes willkommener Türöffner. Noch bevor der Vater erneut das Wort ergreifen kann, zieht sie sich mit einigen beschwichtigenden Bemerkungen in ihr Zimmer zurück. Die Mutter möchte damit die Sache auf sich beruhen lassen. Nicht so der Vater. Auf dem Weg zurück ins Schlafzimmer macht er kehrt. Er will mit seiner Tochter über Sexualität sprechen – ein nicht ganz einfaches Vorhaben für den Vater einer 15jährigen, und das auch noch zu so später Stunde. Sichtlich gehemmt und nach Worten ringend versucht er, Silvi über die sexuellen Wünsche von Männern aufzuklären. Souverän unterstützt ihn Silvi bei der Suche nach Worten und gibt im Übrigen zu erkennen, dass sie keinen Aufklärungsbedarf hat. Mit einem Gute-Nacht-Kuss komplimentiert sie ihren Vater aus dem Zimmer. Sie hat Wichtigeres zu tun. Ihr Handy piept. Sie erwartet noch eine SMS von ihrem Freund Toby.

Bevor Sie die Videos zu den nun folgenden Fazits ansehen, überlegen Sie selbst, wie sich die Eltern in dieser Situation verhalten haben («Wie haben die Eltern in dieser Situation reagiert?») und was Silvi dabei gelernt hat («Was glauben Sie, wie das für sie als Jugendliche ist?»).

Reflexionsübung 7: Fazits «Wie verhalten sich die Eltern?», «Was lernt Silvi?»

«Wie verhalten sich die Eltern?»

«Was lernt Silvi?»

Fazit zur Variante A

(Vergleichen Sie hierzu auch die jeweils angegebenen Erziehungstipps auf den Seiten 173–178)

Silvi ist es in einer für sie zunächst heiklen Situation auf der ganzen Linie gelungen, sich mit ein paar Tricks aus der Affäre zu ziehen. Geschickt und dabei durchaus freundlich, ist sie es, die das Geschehen bestimmt und die zaghaften Gesprächsansätze ihrer Eltern zum Verstummen bringt. Die Eltern ziehen den Kürzeren. Genau genommen haben auch sie sich aus der Affäre gezogen.

- Tatsache ist: die Eltern haben Angst um Silvi, und sie sind verärgert und enttäuscht über ihr Verhalten. Doch sie schaffen es nicht, Silvi gegenüber ihre Gefühle und Befürchtungen offen zum Ausdruck zu bringen.
- Was ihnen fehlt, ist der Mut, unangenehme und heikle Themen klar anzusprechen. Vielleicht deswegen, weil sie konfliktscheu sind und die gute Beziehung zu ihrer Tochter nicht gefährden wollen. Jedenfalls zieht die Mutter sich völlig zurück. Und der Vater geht zaghaft, ohne Strategie, mit klischeehaften Ansichten, nicht zuletzt auch zum falschen Zeitpunkt in das Gespräch mit Silvi – und scheitert kläglich.

Was bedeutet das alles für Silvi? Zum einen macht sie die Erfahrung, dass es für sie ohne Folgen bleibt, wenn sie sich nicht an Vereinbarungen hält und ihre Eltern belügt. Und zum anderen bekommt sie keine Orientierung in Sachen Sexualität – zumindest nicht von ihren Eltern.

Variante B

«Die Tochter die Konsequenzen ihres Verhaltens spüren lassen»

Nun können Sie erneut selbst aktiv werden, und analog zum Vorgehen bei der Variante A Ihre eigenen Gedanken ins Spiel bringen.

Reflexionsübung 8: «Was ist passiert?»

«Was ist passiert?»

Erläuterung: Was ist passiert?

Noch bevor Silvi in ihrem Zimmer verschwinden kann, wird sie von ihren Eltern mit Vorwürfen und Beschuldigungen überschüttet. Ihr zaghafter Versuch, auch zu Wort zu kommen, wird im Keim erstickt. Ohne Respekt vor der Intimsphäre seiner Tochter stellt der Vater eine Frage, die Silvi zutiefst empört. Sie setzt sich zur Wehr und löst damit erneut einen Schwall an Vorwürfen und verletzenden Bemerkungen aus. Silvis Versuch, ihren Freund Toby zu verteidigen führt zu einer weiteren Eskalation. In scharfem Ton verbietet der Vater den weiteren Kontakt mit ihrem Freund und verhängt obendrein noch ein Ausgehverbot. Wütend zieht Silvi sich in ihr Zimmer zurück und verschließt die Tür. Während die Eltern aufgebracht gegen ihre Tür schlagen, steigt sie mitten in der Nacht aus dem Fenster und ruft ihren Freund Toby an. Weil sie sich von ihren Eltern gedemütigt und allein gelassen fühlt, sucht sie Trost bei ihm.

Machen Sie sich wieder zuerst eigene Gedanken zu der Quintessenz dieser Lösungsvariante.

Reflexionsübung 9: Fazits «Wie verhalten sich die Eltern?», «Was lernt Silvi?»

«Wie verhalten sich die Eltern?»

«Was lernt Silvi?»

Fazit zu Variante B

(Vergleichen Sie hierzu auch die jeweils angegebenen Erziehungstipps auf den Seiten 173–178)

Was bleibt, ist die Erkenntnis: Druck erzeugt Gegendruck – oder auch Rückzug. Im Extremfall sogar Flucht wie bei Silvi in diesem immer mehr eskalierenden Familienkonflikt.

- Auch wenn die Empörung der Eltern über Silvis Verhalten nachvollziehbar ist: mit ihren Beschuldigungen und angedrohten Sanktionen erreichen sie nichts. Wie wollen sie auch bei einer 15jährigen durchsetzen, dass sie ihren Freund nicht mehr sieht? Silvi kann schließlich nicht Tag und Nacht unter Verschluss gehalten werden. Im Endeffekt erreichen die Eltern das Gegenteil von dem, was sie eigentlich wollen: Silvi flieht zu ihrem Freund, und das sofort.
- Mit ihrer schroffen Machtdemonstration schaffen die Eltern Distanz zu ihrer Tochter und versperren sich den emotionalen Zugang zu ihr. Schwer vorstellbar, dass es in einem solchen Klima zu einer konstruktiven Klärung von Konflikten kommen kann – geschweige denn zu einem fruchtbaren Gespräch über das schwierige Thema Sexualität.

Für Silvi bleibt die bittere Erfahrung, dass sie auf ihre unversöhnlichen Eltern nicht bauen kann. Die äußere Flucht zu ihrem Freund ist zugleich auch ein Symbol für die innere Flucht vor ihren Eltern. Wenn es um so wichtige Fragen, wie den Umgang mit dem anderen Geschlecht geht, wird sie sich wohl kaum noch an ihre Eltern wenden.

Variante C

«Mit der Tochter über ihr Verhalten sprechen»

Auch an dieser Stelle empfehlen wir Ihnen sich erst einmal ein paar Gedanken zu machen, und die Reflexionsübung durchzuführen.

Reflexionsübung 10: «Was ist passiert?»

«Was ist passiert?»

Erläuterung: Was ist passiert?

Die Eltern fangen Silvi vor ihrer Zimmertür ab und konfrontieren sie zunächst mit dem, was geschehen ist. Dann sprechen sie unmissverständlich aus, wie sie sich fühlen – vor allem wie enttäuscht sie sind über Silvis Lüge, obwohl sie doch ihre Tochter eigentlich als ein verantwortungsvolles junges Mädchen kennen. Sie missbilligen Silvis Verhalten also, ohne sie jedoch als Person grundsätzlich in Frage zu stellen. Damit ist der Fall allerdings für die Eltern noch nicht erledigt. Sie kündigen an, zu einem späteren Zeitpunkt noch einmal mit Silvi reden zu wollen und sagen ihr freundlich «Gute Nacht». Zurück im Schlafzimmer verständigen sie sich darüber, dass die Mutter das Gespräch führen wird. Am nächsten Abend sucht die Mutter Silvi in ihrem Zimmer auf. Ruhig und bestimmt macht sie ihrer Tochter klar, dass ihre Eltern noch immer für sie verantwortlich sind, zeigt ihr aber gleichzeitig, dass sie viel Verständnis für Silvis Eigenständigkeit hat. Silvis pauschale Unterstellungen entkräftet die Mutter, indem sie auf die Fakten verweist: Das Einhalten von Vereinbarungen hat nichts mit Bevormundung und Kontrolle zu tun, sondern mit Zuverlässigkeit. Und Silvis bloße Vermutung, dass ein abendliches Rendezvous mit ihrem Freund nicht erlaubt werden könnte, rechtfertigt noch lange keine Lüge. Sehr konkret erläutert die Mutter, wie Silvi sich anders hätte verhalten können, ohne dabei auf ihre Freiheiten verzichten zu müssen.

Dann wechselt sie das Thema. Behutsam erkundigt sie sich nach Silvis Verhältnis zu Toby und spürt ihre zarte Verliebtheit. Für die Mutter ein Signal, um ihr ein Päckchen Kondome zuzustecken – vorsorglich, wie sich herausstellt. Respektvoll wahrt die Mutter Silvis Intimität, fügt aber noch ein paar Bemerkungen über die positiven Seiten von Liebe und Sexualität hinzu. Dann kommt sie noch einmal auf Silvis Freund zu sprechen und schlägt vor, ihn zu einem gemeinsamen Essen einzuladen, um ihn besser kennen zu lernen. Auf humorvolle Weise gelingt es ihr, Silvis Misstrauen über diesen Vorschlag zu zerstreuen. Silvi greift den humorvollen Ton ihrer Mutter auf und ist einverstanden. Wieder allein in ihrem Zimmer verstaut sie das mütterliche Mitbringsel in der Schublade ihres Nachtkästchens, wo es sich neben einem ähnlichen Päckchen in guter Gesellschaft befindet – ein Beweis für Silvis vorausschauendes Verantwortungsbewusstsein.

Nun sind wieder Sie an der Reihe, sich bilanzierende Gedanken zu dieser Handlungsalternative zu machen.

Reflexionsübung 11: Fazits «Wie verhalten sich die Eltern?», «Was lernt Silvi?»

«Wie verhalten sich die Eltern?»

«Was lernt Silvi?»

Fazit zur Variante C
(Vergleichen Sie hierzu auch die jeweils angegebenen Erziehungstipps auf den Seiten 173–178)

Alles in allem: ein durchaus beschwingtes Ende eines nicht ganz unheiklen Gesprächs. Woran liegt das? Zunächst einmal daran, dass die Eltern zwar klar zum Ausdruck bringen, was ihnen an Silvis Verhalten missfallen hat, aber sie tun das, ohne sie deswegen pauschal zu verurteilen oder die gute Beziehung zu ihr in Frage zu stellen. Damit schaffen sie eine unerlässliche Voraussetzung, um auch weiterhin mit Silvi in Kontakt zu bleiben. Das zeigt sich bereits bei dem angekündigten Gespräch am nächsten Abend. Freundlich, aber bestimmt greift die Mutter noch einmal die unliebsame Erfahrung auf, die sie als Eltern in der Nacht zuvor mit Silvi machen mussten. Dabei gelingt ihr eine riskante Gratwanderung:

- Zum einen rückt sie Silvis Behauptungen zurecht, ihre Eltern würden sie in ihrem Leben einschränken. Sie tut dies, indem sie ihrer Tochter vor Augen führt, dass sie mehr Freiheiten hat als sie meint, wenn sie offen und ehrlich ist und sich an Absprachen hält.
- Zum anderen vermittelt die Mutter Silvi aber auch die Sorge und Verantwortung ihrer beiden Eltern, die wissen wollen, wo und mit wem sich Silvi nachts aufhält, und denen daran gelegen ist, ihren Freund näher kennen zu lernen.
- Schließlich versteht es die Mutter, mit Silvi ein einfühlsames Gespräch über Sexualität und Liebe zu führen, nicht ohne dabei auch das kritische Thema AIDS anzusprechen. Indem sie ihr ein Päckchen Kondome zusteckt, appelliert sie ebenso diskret wie konkret an Silvis Selbstverantwortlichkeit und zeigt ihr darüber hinaus, dass sie sehr viel Vertrauen in sie setzt.

Dies alles geschieht auf eine so überlegte, warmherzige und bisweilen auch humorvolle Weise, dass Silvi die elterlichen Begrenzungen ihrer jugendlichen Freiheitsbedürfnisse als zumutbar akzeptieren kann. Und vielleicht ist sie sogar bereit, sie zu ihren eigenen zu machen.

7.2
Gewalt oder «Dann hat er eine aufs Maul gekriegt»

Ausgangssituation

Pause auf dem Schulhof. Ralph, der 17jährige Sohn der Familie Fürstenau, steht mit einer Gruppe Jugendlicher zusammen. Plötzlich entwickelt sich zwischen ihm und einem der Jugendlichen eine heftige Auseinandersetzung. Ralphs Gegner provoziert ihn dabei mit ziemlich eindeutigen sexuellen Gesten. Es kommt zu einer kurzen Rangelei, bei der Ralph seinen Mitschüler mit der Faust ins Gesicht schlägt. Der Jugendliche geht mit blutender Nase zu Boden, und Ralph tritt noch einmal nach. Ein Lehrer kommt hinzu und führt Ralph ab.

Einige Tage später im Hause der Fürstenaus: Ralph nimmt seine Mutter diskret beiseite und bittet sie um die Unterschrift unter ein Schreiben, das an seine Eltern adressiert ist. Der Vater kommt hinzu und beide Eltern schauen sich irritiert an. Es handelt sich um einen Verweis – einen verschärften Verweis – wegen gewalttätigen Verhaltens gegenüber einem Mitschüler. Während die Eltern ungläubig auf den Brief blicken, dreht sich Ralph um und lässt sich aufs Sofa fallen.

«Was würden Sie als Nächstes machen, wenn Sie an der Stelle der Eltern wären?»

Bevor Sie sich eine der drei Möglichkeiten – die Varianten A, B und C – ansehen möchten wir Sie erneut dazu auffordern, sich zunächst ein paar Gedanken zu dieser Ausgangssituation zu notieren, und im Anschluss zu überlegen, wie Sie selbst reagieren würden.

Reflexionsübung 12: «Was habe ich wahrgenommen», «Wie würde ich jetzt spontan reagieren?»

«Was habe ich wahrgenommen?»

«Wie würde ich jetzt spontan reagieren?»

Variante A

«Den Sohn dazu bringen, Verantwortung zu übernehmen»

Welche Gedanken haben Sie spontan zu dieser Handlungsalternative?

Reflexionsübung 13: «Was ist passiert?»

«Was ist passiert?»

Erläuterung: Was ist passiert?

Der Vater beginnt, Ralph scharf ins Gewissen zu reden, wird aber von seiner Frau mit einer behutsamen Geste gestoppt. Sie setzt sich zu Ralph und gibt ihm erst mal die Möglichkeit, zu schildern, was auf dem Schulhof geschehen ist. Beide Eltern stellen gezielte Nachfragen, um sich ein genaues Bild von dem Vorfall zu verschaffen. Sie tun dies zunächst ohne jegliche Bewertung. Das ändert sich jedoch, als Ralph zugibt, dass er nachgetreten hat. Beide Eltern bringen klar zum Ausdruck, dass sie dieses Verhalten völlig verurteilen, auch wenn sie Verständnis für Ralphs Wut haben. Mit dieser kritischen Stellungnahme ist die Angelegenheit aber für sie noch nicht erledigt. Ralphs Mutter führt ihrem Sohn vor Augen, wie es ihm in der Situation seines Gegners ergangen wäre und schafft es damit, ihn nachdenklich zu machen und einzusehen, wie brutal er sich verhalten hat. Dann lässt ihn sein Vater einen Weg suchen, wie er sich anders hätte verhalten können. Er verbindet dies mit einer kleinen Lektion über Ärgerkontrolle – das Ganze gewürzt mit einer Prise Humor, die spüren lässt, dass Vater und Sohn sich gut verstehen.

Die Atmosphäre hat sich spürbar entspannt, doch die Mutter macht darauf aufmerksam, dass es da noch ein ungelöstes Problem gibt. Was soll mit dem Verweis geschehen? Ralph schlägt seinen Eltern vor, den Verweis zu unterschreiben, aber ganz zufrieden ist er mit dieser Lösung nicht. Er möchte, dass sein Widersacher nicht völlig ungeschoren davon kommt. Zwischen ihm und seiner Mutter entspinnt sich ein Dialog, der damit endet, dass die Mutter vorschlägt, eine dritte Person zu Rate zu ziehen. Der Beratungslehrer der Schule soll zusammen mit Ralph und seinem Kontrahenten eine Lösung finden, wie sie ihren Konflikt regeln können. Ralph ist einverstanden und hat auch schon eine Vorstellung davon, wie die Lösung aussehen könnte. Das Gespräch mit dem Lehrer will er selbst in die Wege zu leiten. Damit ist schließlich auch der Verweis unterschriftsreif geworden.

Machen Sie sich auf dem Reflexionsbogen erneut zuerst persönliche Notizen zu dieser Situation.

Reflexionsübung 14: «Wie verhalten sich die Eltern?», «Was lernt Ralph?»

«Wie verhalten sich die Eltern?»

«Was lernt Ralph?»

Fazit zur Variante A

(Vergleichen Sie hierzu auch die jeweils angegebenen Erziehungstipps auf den Seiten 173–178)

Wie kommt es zu diesem produktiven Verlauf eines schwierigen Gesprächs über ein schwieriges Thema? Eine wichtige Voraussetzung ist, welche *Haltung* die Eltern dazu einnehmen. An oberster Stelle steht dabei, dass sie die positive Beziehung zu Ralph intakt halten, ohne auf ihre erzieherischen Einflussmöglichkeiten zu verzichten. Dies ist leichter gesagt als getan. Wie gehen die Eltern im Einzelnen vor?

- Zunächst einmal präsentieren sie sich als ein funktionierendes Team, d. h. sie sind nicht nur in ihren grundsätzlichen Überzeugungen einer Meinung, sondern sie unterstützen und ergänzen sich gegenseitig. Dies zeigt sich schon ganz zu Anfang des Gesprächs: der Vater möchte Ralph spontan zurückweisen, lässt sich jedoch sanft von seiner Frau davon abhalten. Der gute Kontakt zu Ralph darf nicht gefährdet werden.
- Damit ist der Boden bereitet für den nächsten Schritt: Unterbrochen von kritischen Nachfragen seiner Eltern bekommt Ralph die Gelegenheit, seine Sicht der Dinge darzustellen. Als er zugeben muss, dass er bei der Schlägerei nachgetreten hat, machen beide Eltern ihm unmissverständlich klar, dass sie sein Verhalten verurteilen.
- Nun leiten die Eltern den nächsten wichtigen Schritt ein: Sie nutzen Ralphs Fehlverhalten, um ihm anschaulich zu zeigen, wie er in Zukunft mit provozierenden Situationen umgehen kann.
- In einem letzten Schritt erarbeiten sie mit Ralph noch einen Vorschlag, wie der aktuelle Konflikt mit seinem Widersacher Dirk auf eine gewaltlose Weise geregelt werden kann. Dabei überlassen die Eltern es ihrem Sohn, für die Umsetzung dieses Vorschlags selbst zu sorgen und stellen somit seine Mitverantwortung sicher, die Sache wieder ins Lot zu bringen.

Abgesehen von der Verantwortung, die Ralph zu übernehmen hat, um den Konflikt zu bereinigen, macht er eine Reihe weiterer wichtiger Erfahrungen: er spürt, dass seine Eltern ihn unterstützen, obwohl sie mit dem, was er getan hat, ganz und gar nicht einverstanden sind. Und er bekommt eine Idee davon, wie er in Zukunft mit Konflikten umgehen kann, ohne dass die Fäuste fliegen.

Variante B

«Den Sohn fragen, wie es zu dem Vorfall gekommen ist»

Analog zu der vorherigen Erziehungssituation laden wir Sie dazu ein, sich zu überlegen, zu notieren und zu diskutieren, was Ihnen spontan zu dieser Lösungsversion einfällt.

Reflexionsübung 15: «Was ist passiert?»

«Was ist passiert?»

Erläuterung: Was ist passiert?

Ralph hat es sich mitten auf dem großen Sofa bequem gemacht. Während seine Eltern sich dem anderen Sofa zuwenden, überreicht der Vater seiner Frau den Verweis, setzt sich hin und beginnt Zeitung zu lesen – nicht gerade ein Beweis dafür, dass er sich für den Vorfall besonders interessiert. Eher verschlüsselt als direkt fragt die Mutter ihren Sohn, wie es zu dem Verweis gekommen ist. Ralph beginnt, seinen Eltern eine geschönte Version von dem Streit auf dem Schulhof aufzutischen, in der er das zu Unrecht beschuldigte Opfer ist: der Lehrer mag ihn nicht, sein Kontrahent – ein bekannter Schlägertyp – hat ihn provoziert und dann geschlagen, er selbst hat sich nur verteidigt – das ist seine Story. Sein immer noch mäßig interessierter Vater fragt nach, ob auch sein Gegner einen Verweis bekommen hat. Ralph verneint und empört sich über diese Ungerechtigkeit. Damit glaubt er genügend Punkte für seine Opferrolle gesammelt zu haben und stellt nun seinerseits die Frage in den Raum, ob er sich denn ohne Gegenwehr hätte verprügeln lassen sollen. Seinen Vater hat er schon überzeugt, nicht jedoch seine Mutter, die auch die Möglichkeit einer gewaltfreien Konfliktregelung zu bedenken gibt und damit in einen Disput mit ihrem Mann gerät. Die Folge ist, dass nun Vater und Sohn eine geheime Koalition bilden. Erst als die Mutter ihren Mann mit einem unüberhörbaren Tadel über seine lässige Haltung zur Ordnung ruft, verspricht der Vater – wenn auch wenig überzeugt – ein Gespräch mit dem Direktor zu führen. Ralph ist zunächst mal aus dem Schneider und macht sich zufrieden davon. Seine Opferlammstrategie ist aufgegangen, allerdings auch auf Kosten seiner Eltern, die seinetwegen in stillen Unfrieden geraten sind.

Ziehen Sie erneut selbst Bilanz zu den Konsequenzen dieser Lösungsszene.

Reflexionsübung 16: «Wie verhalten sich die Eltern?», «Was lernt Ralph?»

«Wie verhalten sich die Eltern?»

«Was lernt Ralph?»

Fazit zur Variante B

(Vergleichen Sie hierzu auch die jeweils angegebenen Erziehungstipps auf den Seiten 173–178)

Wie konnte es dazu kommen, dass Ralph seinen Eltern erfolgreich eine Geschichte auftischen kann, die mit der Realität wenig zu tun hat? Entscheidend sind hier zwei Gründe:

- Erstens stellen die Eltern keine kritischen Nachfragen zu Ralphs Version von der Schlägerei auf dem Schulhof, wodurch es ihm gelingt, die Wahrheit zu verdrehen und in eine Opferrolle zu schlüpfen.
- Zweitens hält der Vater die ganze Angelegenheit für nicht sonderlich dramatisch. Mehr oder minder deutlich gibt er zu verstehen, dass Konflikte auch mit körperlicher Gewalt geregelt werden können und solidarisiert sich so insgeheim mit seinem Sohn.

Der Konflikt zwischen Ralph und seinen Eltern verlagert sich dadurch auf eine andere Ebene. Plötzlich sind es die Eltern, die wegen ihrer unterschiedlichen Auffassungen über Gewaltanwendung in eine Meinungsverschiedenheit geraten. Um das angespannte Verhältnis zu seiner Frau zu entlasten, übernimmt der Vater die Aufgabe, wegen des Verweises mit dem Direktor zu sprechen.

Aus Ralphs Sicht hätte die Unterredung nicht besser laufen können: unliebsame Konsequenzen seiner Eltern bleiben aus – ganz zu schweigen von Anregungen, wie er den Konflikt mit seinem Mitschüler hätte regeln können, ohne Gewalt anzuwenden. Und nicht zuletzt kann Ralph entspannt zur Kenntnis nehmen, dass sein Vater es übernimmt, die Sache in Ordnung zu bringen. Allerdings: viel gelernt hat Ralph bei alldem nicht – vor allem nicht über den zivilisierten Umgang mit Konflikten.

Variante C

«Dem Sohn sein brutales Verhalten klarmachen»

Nun sind erstmal wieder Sie an der Reihe, in gewohnter Weise aktiv zu werden.

Reflexionsübung 17: «Was ist passiert?»

«Was ist passiert?»

Erläuterung: Was ist passiert?

Der Vater baut sich vor Ralph auf, der nun eine geharnischte Strafpredigt über sich ergehen lassen muss. Auch die Mutter ist empört über die Schlägerei in der Schule, vor allem wegen des guten Rufs der Familie. Ralphs Versuch, sich zu verteidigen, quittiert sein Vater lautstark mit einer beleidigenden Bemerkung und löst damit Ralphs ebenso beleidigenden Protest aus. Der Streit droht zu einer tätlichen Auseinandersetzung auszuarten, doch der Mutter gelingt es, dies zu verhindern. Sie nimmt Ralph zur Seite und fordert ihn auf, die Sache wieder in Ordnung zu bringen. Ralph hat wenig Lust dazu und auch keine Idee, wie er das anstellen soll, was seinen Vater erneut in Rage versetzt. Kategorisch befiehlt er seinem Sohn, sich bei seinem Mitschüler zu entschuldigen – gleichgültig wie. Ralph blockt ab und verlangt nach einer Erklärung. Die allerdings bekommt er nicht. Im Gegenteil. Seine Frage löst wieder eine heftige Reaktion seines Vaters aus, diesmal mit der Konsequenz eines vierwöchigen Partyverbots. Zurück bleiben Ralph und seine Mutter – beide einigermaßen ratlos. Am nächsten Tag will Ralph sich bei seinem Mitschüler entschuldigen. Doch der Versuch geht gründlich daneben und veranlasst ihn zu einem bitteren Kommentar, dass er durch den Zwang seiner Eltern zum Opfer eines Racheakts geworden ist.

Welches Fazit leiten Sie persönlich aus dieser Variante für die Eltern bzw. Kinder ab?

Reflexionsübung 18: «Wie verhalten sich die Eltern?», «Was lernt Ralph?»

«Wie verhalten sich die Eltern?»

«Was lernt Ralph?»

Fazit zur Variante C

(Vergleichen Sie hierzu auch die jeweils angegebenen Erziehungstipps auf den Seiten 173–178)

Was zeigt die Dynamik dieser Auseinandersetzung? Auffallend ist vor allem dreierlei.

- Erstens – und das ist der wichtigste Punkt: es gelingt den Eltern nicht, ihren Ärger und ihre Empörung unter Kontrolle zu bekommen. Statt sich erst einmal zu informieren und dann überlegt zu agieren, re-agieren sie nur – zwar nicht mit körperlicher Gewalt, doch mit vehementer Wortgewalt. Es hagelt Beschuldigungen, moralische Vorwürfe und persönliche Erniedrigungen. Den Schlusspunkt setzt ein drastisches Verbot.
- Zweitens: die Eltern sind nicht imstande, die Zuspitzung des Konflikts zu stoppen. Angeheizt durch Ralphs Widerstand kommt es zwischen Vater und Sohn fast zu Anwendung körperlicher Gewalt, obwohl gerade dies von den Eltern so energisch abgelehnt wird.
- Drittens: In dieser emotional aufgeheizten Atmosphäre verlangen die Eltern von Ralph, sich bei seinem Kontrahenten zu entschuldigen, ohne ihm allerdings den geringsten Hinweis zu geben, wie er dies am Geschicktesten anstellen kann.

Von seinen Eltern gedemütigt und in jeglicher Hinsicht im Stich gelassen endet Ralphs Entschuldigungsversuch in einem Desaster. Gelernt hat er von seinen Eltern weder, wie er seine aggressiven Impulse unter Kontrolle bringen kann noch wie Konflikte auf eine gewaltlose, vernünftige Weise geregelt werden können.

7.3
Drogen oder «Kiffen ist total normal»

Ausgangssituation

Die Eltern Fürstenau haben in der letzten Zeit hart gearbeitet. Nun wollen sie sich etwas Besonderes gönnen und buchen ein preisgünstiges Ski-Wochenende mit Unterkunft in einem Hotel der gehobenen Klasse. Noch während der Hotelpage die Koffer aus dem Wagen holt, klingelt bei Frau Fürstenau das Handy. Ihr Chef ruft sie an und bittet sie dringend, wegen einer wichtigen Präsentation zurück ins Büro zu kommen. Wohl oder übel machen sich die Fürstenaus sofort wieder auf den Heimweg. – Silvi und Ralph, die beiden 15- und 17jährigen Kinder der Fürstenaus, haben in der Zwischenzeit Freunde eingeladen, um die vermeintlich sturmfreie Bude zu Hause zu nutzen und eine Party zu feiern. Auf der geht es hoch her. Die Musik dröhnt laut, das Wohnzimmer ist verqualmt, Alkohol und Haschisch machen die Runde. Außerdem plündern uneingeladene Partygäste, die keiner kennt, den Kühlschrank. Als die Eltern Fürstenau nach Hause zurückkommen, blicken sie fassungslos auf das Treiben in ihrer Wohnung.

«Was würden Sie als Nächstes machen, wenn Sie an der Stelle der Eltern wären?»

Erneut möchten wir Sie dazu auffordern, bevor Sie sich eine der drei Möglichkeiten – die Varianten A, B und C – ansehen ein paar Gedanken zu dieser Ausgangssituation zu notieren. Überlegen Sie sich im Anschluss auch, wie Sie selbst reagieren würden.

Reflexionsübung 19: «Was habe ich wahrgenommen?», «Wie würde ich jetzt spontan reagieren?»

«Was habe ich wahrgenommen?»

«Wie würde ich jetzt spontan reagieren?»

Variante A

«Sicherstellen, dass die Party nicht ausufert»

Wie haben Sie diese Lösungsalternative erlebt? Schreiben Sie in gewohnter Weise zuerst Ihre Gedanken hierzu nieder um sie anschließend nach Möglichkeit zu diskutieren.

Reflexionsübung 20: «Was ist passiert?»

«Was ist passiert?»

Erläuterung: Was ist passiert?

«Stören wir?» Mit dieser ironischen Frage setzen sich die Eltern in die Runde der Jugendlichen und tun damit so, als ob sie dazugehören würden. Vorsichtig sprechen sie ein paar Punkte an, die ihnen nicht so gut gefallen und bekommen jedes Mal Gegenargumente zu hören, auf die sie keine Antwort haben. Zunächst beschwert sich die Mutter über die Unordnung in der Wohnung und wird von ihrem Sohn schnell beschwichtigt. Dann geht es um das Thema Alkohol, der von den Jugendlichen in einer stattlichen Menge konsumiert wurde. Wieder kontert Ralph geschickt. Die Eltern würden schließlich auch Alkohol trinken und außerdem sei der Konsum von Alkohol in seinem Alter ganz normal. Jetzt kommt das Thema Drogen zur Sprache. Der verräterische Geruch im Raum hat die Mutter alarmiert. Ralphs Freund Matze hat tatsächlich Haschisch mitgebracht, in einem gläsernen Bong – einer Art Wasserpfeife – aufbereitet und zum Rauchen herumgehen lassen. Auf die Frage des Vaters, ob er gekifft habe, antwortet Ralph nur mit überlegenem Kichern. Wie beim Thema Alkohol müssen sich die Eltern sagen lassen, dass der Konsum von Drogen ganz normal sei. Außerdem hebelt Ralph den Hinweis des Vaters, dass Drogen illegal sind, mit einem moralischen Einwand aus. Dann geht er zum Gegenangriff über und bringt seinen Vater mit der Frage, wie er es denn früher mit Drogen gehalten habe, in arge Verlegenheit. Die unbequeme Frage veranlasst den Vater zum Aufbruch. Ralph und seine Freunde versprechen ihm und der Mutter, alles aufzuräumen und vor allem kein Haschisch mehr zu rauchen. Die Eltern geben sich damit zufrieden. Kaum sind sie außer Sichtweite beginnt die Bong wieder zu kreisen.

Machen Sie sich wie gewohnt zuerst Gedanken über das Verhalten der Eltern und darüber, was Silvi und Ralph aus dieser Situation lernen.

Reflexionsübung 21: «Wie verhalten sich die Eltern und insbesondere der Vater?», «Was lernen Silvi und Ralph?»

«Wie verhalten sich die Eltern und insbesondere der Vater?»

«Was lernen Silvi und Ralph?»

Fazit zur Variante A

(Vergleichen Sie hierzu auch die jeweils angegebenen Erziehungstipps auf den Seiten 173–178)

Wie konnte es dazu kommen, dass die Drogenparty ungehindert weitergeht? Der Hauptgrund ist, dass die Eltern keine klare und erwachsene Haltung einnehmen, die nötig wäre, um sich mit ihren Kindern und den Gästen auseinanderzusetzen. Die Folge ist, dass sie ihre Elternrolle nicht wirklich wahrnehmen. Woran ist dies erkennbar?

- Sie setzen sich wie zu spät gekommene Partygäste zu den Jugendlichen auf den Boden und nehmen damit augenfällig eine «von gleich zu gleich»-Position ein.
- Sie stellen zwar kritische Fragen, doch sie lassen sich mit einigen oberflächlichen Antworten abspeisen und gehen den Problemen nicht wirklich auf den Grund.
- Sie bringen, den wichtigen Punkt, dass die Party nicht mit ihnen abgesprochen war, überhaupt nicht zur Sprache.
- Sie bringen ihre Argumente zum Thema Alkohol und Drogen so wenig überzeugend vor, dass es den Jugendlichen leicht fällt, Gegenargumente zu finden, denen sie nicht widersprechen können.
- Sie brechen das Gespräch in dem Moment ab, als Ralph nach dem Drogenkonsum des Vaters fragt und überlassen den Jugendlichen die Wohnung, damit sie ungestört weiterfeiern können.

Was lernen Ralph und Silvi bei alldem und was lernen sie nicht? Sie lernen, dass sich ihre Eltern – gleichgültig was passiert – immer wie «gute Kumpel» verhalten und ihnen eine Menge durchgehen lassen. Sie lernen allerdings nicht, auf die Bedürfnisse ihrer Eltern Rücksicht zu nehmen und erst recht nicht, was es heißt, verantwortungsvoll mit Drogen und Alkohol umzugehen.

Variante B

«Die Party zum Anlass für ein Gespräch nehmen»

Wie würden Sie diese Situation interpretieren?

Reflexionsübung 22: «Was ist passiert?»

«Was ist passiert?»

_____

_____

_____

_____

_____

_____

_____

_____

_____

_____

_____

_____

_____

_____

_____

_____

_____

_____

_____

_____

Erläuterung: Was ist passiert?

Unbemerkt von den Eltern verschwindet der Bong – Matzes kleine Wasserpfeife zum Haschischrauchen – unter dem Sofa. Nach der Begrüßung, die knapp aber nicht unfreundlich ausfällt, stellen die Eltern zunächst klar, dass die Party nicht mit ihnen abgesprochen war und teilen Ralph und Silvi mit, später noch einmal mit ihnen über das Thema zu reden. Als der Vater feststellt, dass Ralph gekifft hat, geht alles Weitere ziemlich schnell: Ruhig und bestimmt fordert er die Jugendlichen auf, die Wohnung aufzuräumen und dann zu verlassen. Gleichzeitig sorgt die Mutter dafür, dass die Partygäste sicher nach Hause kommen. Schließlich schickt der Vater Ralph ins Bett, damit er seinen Rausch ausschlafen kann, und kündigt ein Gespräch für den nächsten Morgen an.

Während des Frühstücks nutzt er die Gelegenheit, mit beiden Kindern noch einmal über die Party zu sprechen und geht im Einzelnen alle Punkte durch, die ihm am Herzen liegen: Partys müssen mit den Eltern abgesprochen werden, zu Bruch gegangene Gegenstände sind von Silvi und Ralph zu ersetzen und nicht eingeladene Partygäste sollen abgewiesen werden. Neinsagen ist gefordert, was auch für das Thema Drogen gilt. Der Vater verheimlicht nicht, dass er früher auch schon einmal Drogen genommen hat, aber auch wieder davon abgelassen hat, und erntet für seine Offenheit großes Erstaunen. Mit eindringlichen Worten klärt er darüber auf, dass gewohnheitsmäßiger Drogenkonsum in die Abhängigkeit führt und schwerwiegende gesundheitliche Schäden nach sich zieht – von rechtlichen Konsequenzen beim Dealen von Drogen ganz zu schweigen. Ralph möchte noch wissen, wie es sein Vater mit dem Konsum von Alkohol hält. Auch hier gibt der Vater auf humorvolle Weise zu verstehen, dass er durchaus nicht unerfahren ist. Zugleich betont er jedoch gegenüber seinen beiden Kindern, dass es darum geht, kontrolliert mit Alkohol umzugehen – vor allem, wenn man sich im Straßenverkehr bewegt. Dann fügt er noch etwas Wichtiges hinzu: er gibt Ralph und Silvi zu verstehen, dass er ihnen einen selbstverantwortlichen Umgang mit Drogen und Alkohol zutraut, lässt aber auch keine Zweifel darüber aufkommen, dass er genau darauf achten wird, ob sie dieses Vertrauen rechtfertigen. Zum Schluss zeigen die beiden, dass sie gut zugehört haben und die ihnen zugeschriebene Selbstverantwortlichkeit clever zu nutzen wissen. Als der Vater sie fragt, ob sie mit ihm zum Joggen gehen, bekommt er prompt die Lebensweisheit zu hören, die er kurz zuvor verbreitet hat: «Neinsagen ist kein Zeichen von Schwäche.»

Nun sind Sie wieder an der Reihe, sich Gedanken zu machen.

Reflexionsübung 23: «Wie verhalten sich die Eltern und insbesondere der Vater?», «Was lernen Silvi und Ralph?»

«Wie verhalten sich die Eltern und insbesondere der Vater?»

«Was lernen Silvi und Ralph?»

Fazit zur Variante B

(Vergleichen Sie hierzu auch die jeweils angegebenen Erziehungstipps auf den Seiten 173–178)

Was zeichnet das Verhalten der Eltern in diesem Falle aus? Ohne unfreundlich zu werden oder die Fassung zu verlieren handeln sie klar und entschlossen, zugleich aber auch glaubwürdig und verantwortungsvoll.

- Klar und entschlossen lösen beide Eltern am Abend die Party der Jugendlichen auf. Ebenso klar und entschlossen legt der Vater am nächsten Morgen fest, unter welchen Bedingungen in Zukunft Partys gefeiert werden können.
- Glaubwürdig und verantwortungsvoll geht der Vater mit dem Thema Drogen und Alkohol um. Glaubwürdig, weil er ganz offen über seine eigenen Erfahrungen mit Drogen und Alkohol spricht. Verantwortungsvoll, weil er eindringlich vor den Gefahren bei Missbrauch von Drogen und Alkohol warnt.

Was lernen Silvi und Ralph aus dem Gespräch mit ihrem Vater? Sie lernen, dass sie bestimmte Regeln zu beachten haben, wenn sie wieder einmal in der Wohnung ihrer Eltern eine Party feiern wollen. Und sie lernen in ihrem Vater ein positives Modell dafür kennen, wie sie überlegt und verantwortlich mit Drogen und Alkohol umgehen können. Ob sie sich in Zukunft ihren Vater auch tatsächlich zum Vorbild nehmen, bleibt offen. Doch die Wahrscheinlichkeit dafür ist nicht gering.

Variante C

«Die Party sofort abbrechen»

Notieren Sie Ihre Gedanken zu dieser Variante.

Reflexionsübung 24: «Was ist passiert?»

«Was ist passiert?»

Erläuterung: Was ist passiert?

Als die Eltern den Raum betreten, versucht Ralph, den Bong – eine gläserne Wasserpfeife, auf der Ralphs Freund Matze zuvor Haschisch zum Rauchen vorbereitet hat – verschwinden zu lassen. Ohne Erfolg, denn der Vater entdeckt das Manöver sofort und nimmt den Bong an sich. Beide Eltern sind über die Drogenparty empört und ihre Empörung steigert sich noch, als die ungebetenen Gäste dazukommen, die den Kühlschrank geräubert haben. Einer dieser Gäste pocht darauf, dass sie alle eingeladen seien, was den Vater endgültig in Rage versetzt. Lautstark verlangt er von den Jugendlichen, unverzüglich zu gehen und zerschmettert wütend Matzes Drogenbesteck. Von Ralph und Silvi fordert er, die Wohnung sofort in Ordnung zu bringen und stürmt in Ralphs Zimmer, um nach versteckten Drogen zu suchen. Ralph kommt hinzu und es entwickelt sich eine heftige Auseinandersetzung. Der Vater führt Ralphs schlechte Schulleistungen auf seinen Drogenkonsum zurück und sagt ihm – wie seinem Freund Matze – die Karriere eines Drogensüchtigen voraus. Kategorisch verbietet er seinem Sohn, weiterhin Drogen zu nehmen und verlangt von ihm, den Kontakt mit Matze abzubrechen. Ralph, der ebenso erregt ist wie sein Vater, hält ihm entgegen, dass Kiffen ganz normal sei. Fassungslos über diese Bemerkung schreit ihn der Vater an, er werde ihn bei der Suchtberatung anmelden.

Denken Sie erst wieder selbst eine Weile über das Fazit dieser Handlungsalternative nach.

Reflexionsübung 25: «Wie verhalten sich die Eltern und insbesondere der Vater?», «Was lernen Silvi und Ralph?»

«Wie verhalten sich die Eltern und insbesondere der Vater?»

«Was lernen Silvi und Ralph?»

Fazit zur Variante C

(Vergleichen Sie hierzu auch die jeweils angegebenen Erziehungstipps auf den Seiten 173–178)

Die Eltern haben sich mit ihrem Vorhaben zwar durchgesetzt und die Party sofort abgebrochen. Doch was bleibt, ist Empörung auf allen Seiten. Die Eltern sind empört, weil ihre Kinder ohne Absprache die Wohnung für eine Party genutzt haben, bei der obendrein noch Drogen im Spiel sind. Die Kinder – vor allem Ralph – sind empört, weil ihre Eltern ihnen nichts als Verständnislosigkeit entgegen bringen. Die Folge ist ein vergiftetes Klima. Den Eltern gelingt es nicht, ihre Erregung zu dämpfen und einigermaßen gelassen mit ihren Kindern zu sprechen. Vor allem die Auseinandersetzung zwischen Vater und Sohn schaukelt sich zunehmend auf und gipfelt darin,

- dass der Vater planlos Ralphs Zimmer nach Drogen durchsucht;
- dass er seinem Sohn kränkende Bemerkungen an den Kopf wirft;
- dass er ihm unrealistische, weil kaum überprüfbare Verbote auferlegt;
- und dass er sich am Ende nicht anders zu verhalten weiß, als den Kontakt zu Ralph abzubrechen und ihm eine Drogenberatung zu verordnen.

Letztlich hat sich auf beiden Seiten außer Empörung auch Ohnmacht entwickelt. Auch bei Ralph, der hilflos in seinem Zimmer zurückbleibt. Keine gute Voraussetzung, um die Basis für eine vertrauensvolle Beziehung wieder herzustellen und ein sinnvolles Gespräch in Gang zu bringen – schon gar nicht über ein so schwieriges Thema wie Alkohol und Drogen.

7.4
Rückzug oder «Lass mich doch in Ruhe!»

Ausgangssituation

Silvi, die 15jährige Tochter der Familie Fürstenau, kommt vom Schwimmtraining nach Hause, wirft ihren Schwimmbeutel in die Diele und setzt sich mit verschränkten Armen missmutig an den Esstisch. Als ihre Mutter sie fragt, wie das Training gewesen sei, gibt Silvi nur widerwillig und denkbar knapp Auskunft. Leicht irritiert möchte die Mutter nun wissen, was mit ihrer Tochter los ist. Die Antwort fällt diesmal ziemlich aggressiv aus und wird von der Mutter mit einem ironischen «Danke» quittiert. Das ist zuviel für Silvi. Wutentbrannt stürmt sie davon und knallt die Tür ihres Zimmers hinter sich zu. Nachdenklich bleibt die Mutter am Esstisch zurück.

«Was würden Sie als Nächstes machen, wenn Sie an der Stelle der Mutter wären?»

Notieren Sie sich auch zu dieser Erziehungssituation ein paar Gedanken zu dieser Ausgangssituation, und überlegen Sie im Anschluss, wie Sie selbst reagieren würden, bevor Sie sich eine der drei Möglichkeiten – die Varianten A, B und C – ansehen.

Reflexionsübung 26: «Was habe ich wahrgenommen?», «Wie würde ich jetzt spontan reagieren?»

«Was habe ich wahrgenommen?»

_____
_____
_____
_____
_____
_____
_____
_____
_____
_____
_____

«Wie würde ich jetzt spontan reagieren?»

_____
_____
_____
_____
_____
_____
_____
_____
_____
_____
_____
_____

Variante A

«Die Gründe für das Verhalten der Tochter herausfinden»

Was denken Sie über diese Handlungsalternative der Mutter?

Reflexionsübung 27: «Was ist passiert?»

«Was ist passiert?»

Erläuterung: Was ist passiert?

Die Mutter respektiert Silvis Wunsch nach Alleinsein, holt sich aber dennoch die Zustimmung ihrer Tochter, kurz mit ihr sprechen können. Sie findet Silvi in Tränen aufgelöst und setzt sich – ohne ihr zu nahe zu kommen – zu ihr. Mit ruhiger Stimme fragt sie, ob Silvi ihr erzählen will, was vorgefallen ist, und bietet ihr Hilfe an. Silvi ist jedoch dazu nicht bereit – noch nicht. Sie braucht noch etwas Zeit für sich selbst. Taktvoll zieht sich die Mutter zurück und fragt, ob sie später noch einmal wiederkommen kann. Nach der verabredeten Zeit klopft die Mutter an Silvis Tür und bringt etwas zum Essen und Trinken mit. Ein Akt mütterlicher Fürsorge, der bei Silvi leichten Protest hervorruft. Die Mutter bleibt jedoch gelassen und betont, dass die kleine Mahlzeit nur als Angebot zu verstehen sei. Behutsam gelingt es ihr, Silvi zum Sprechen zu bringen. Als sie Silvis Unsicherheit spürt, bestärkt sie ihre Tochter zunächst einmal darin, dass sie ein hübsches Mädchen ist, und fügt dann noch etwas Wichtiges hinzu. In erster Linie komme es darauf an, dass Silvi selbst ihren Körper schön findet und nicht irgendjemand anders. Nachdem sie so Silvis Selbstwertgefühl ein wenig aufgebaut hat, ermutigt sie ihre Tochter, noch einmal mit dem Schwimmtrainer zu sprechen, und verspricht ihr, sie weiter zu unterstützen. Silvis Stimmung hat sich erkennbar aufgehellt. Sie dankt ihrer Mutter für das mitgebrachte Essen, und als sie wieder allein in ihrem Zimmer ist, stellt sie vor dem Spiegel fest, dass sie mit ihrer Figur durchaus zufrieden sein kann.

Nun haben wieder Sie die Gelegenheit, selbst aktiv zu werden.

Reflexionsübung 28: «Wie verhält sich die Mutter?», «Was lernt Silvi?»

«Wie verhält sich die Mutter?»

«Was lernt Silvi?»

Fazit zur Variante A

(Vergleichen Sie hierzu auch die jeweils angegebenen Erziehungstipps auf den Seiten 173–178)

Die Mutter hat sich zum Ziel gesetzt, die Gründe für Silvis Verhalten herauszufinden – nicht aus Neugier, sondern um ihr – wenn nötig – zu helfen. Wie hat sie es geschafft, dieses Ziel zu erreichen? Hierfür gibt es eine Reihe von Gründen:

- Sie hat sich rücksichtsvoll auf Silvis Tempo eingelassen und ihr die nötige Zeit gegeben, bis sie für ein Gespräch bereit war.
- Sie hat ihre Fürsorge gezeigt, indem sie Silvi eine kleine Mahlzeit mitgebracht hat – ohne sie allerdings damit unter Druck zu setzen.
- Sie hat in einem einfühlsamen Gespräch herausgefunden, warum Silvi so bedrückt ist.
- Sie hat in einer glaubhaften Weise versucht, Silvis Zweifel über ihr Aussehen zu zerstreuen und damit ihr Selbstvertrauen zu stärken.

Dies alles waren wichtige Voraussetzungen dafür, dass sie Silvi motivieren konnte, selbst aktiv zu werden und das Problem mit dem Schwimmtrainer zu klären.

Silvi macht dabei zwei entscheidende Erfahrungen. Zum einen wird ihr bewusst, dass sie eine mitfühlende Mutter hat, auf deren Unterstützung sie in schwierigen Situationen zählen kann. Zum anderen erkennt sie, dass ihre Mutter Vertrauen in sie setzt und ihr Mut macht, für sich selbst einzustehen. Ob es Silvi gelingt, das Problem mit dem Schwimmtrainer zufriedenstellend zu lösen, bleibt zwar offen. Doch sie kann sicher sein, dass sie in ihrer Mutter auch in Zukunft eine anteilnehmende und hilfreiche Gesprächspartnerin hat.

Variante B

«Die Tochter wegen ihres Verhaltens zur Rede stellen»

Was ist Ihnen in dieser Situation besonders aufgefallen?

Reflexionsübung 29: «Was ist passiert?»

«Was ist passiert?»

Erläuterung: Was ist passiert?

Obwohl Silvi ausdrücklich wünscht, allein gelassen zu werden, betritt die Mutter ihr Zimmer und fordert sie ziemlich ungehalten auf, zum Essen zu kommen. Als Silvi missmutig ablehnt, verschärft sich der Ton der Mutter. Ärgerlich wirft sie ihrer Tochter vor, launisch und unleidlich zu sein, worauf Silvi noch mehr abblockt. Erregt fordert die Mutter, dass Silvi sofort tut, was sie von ihr verlangt, und kündigt ihr andernfalls unangenehme Konsequenzen an, die sie auf Dauer allerdings kaum einhalten kann. Jetzt ist Silvi wieder an der Reihe. Mit einer giftigen Bemerkung wertet sie die Kochkünste ihrer Mutter ab. Nun ist endgültig Feuer am Dach. Gekränkt und wütend zugleich verlangt die Mutter im Befehlston, ihrer Forderung sofort nachzukommen und fügt noch eine weitere – diesmal völlig vage – Strafandrohung hinzu. Dann verlässt sie türeknallend das Zimmer. Gekränkt und zornig schleudert Silvi ein Kissen gegen die Tür.

Machen Sie sich erneut erst Notizen zu dieser Variante.

Reflexionsübung 30: «Wie verhält sich die Mutter?», «Was lernt Silvi?»

«Wie verhält sich die Mutter?»

«Was lernt Silvi?»

Fazit zur Variante B

(Vergleichen Sie hierzu auch die jeweils angegebenen Erziehungstipps auf den Seiten 173–178)

Die Mutter versteht das abweisende Verhalten ihrer Tochter als Provokation und stellt sie mit bissigen Bemerkungen zur Rede. Den traurigen Teil, der hinter Silvis mürrischem Verhalten liegt, spürt sie nicht oder will ihn nicht zur Kenntnis nehmen. Zwischen ihr und Silvi entwickelt sich ein Teufelskreis an wechselseitigen Kränkungen und Beleidigungen, der beide immer mehr gefangen hält und gleichzeitig immer mehr entzweit. Welchen Anteil hat die Mutter an dieser negativen Beziehungsdynamik?

- Der wichtigste Punkt ist, dass es ihr nicht gelingt, Distanz zu dem aufsässigen Verhalten ihrer Tochter zu gewinnen.
- Dadurch schafft sie es auch nicht, ihren Ärger und ihre eigene aggressive Verhaltensweise unter Kontrolle zu bringen.
- So kommt es, dass sie nicht in der Lage ist, Silvis Provokationen unter einem anderen Blickwinkel zu sehen und den wahren Grund für ihren Missmut aufzuspüren.

Für Silvi bedeutet dies, dass sie nicht nur mit ihrem eigenen Kummer zu kämpfen hat sondern auch mit einer angespannten Beziehung zu ihrer Mutter. Alles in allem ist das keine gute Voraussetzung dafür, dass Silvi sich ihrer Mutter gegenüber öffnet oder ihre Unterstützung sucht.

Variante C

«Die Tochter auf andere Gedanken bringen»

Auch bei dieser Szenerie laden wir Sie dazu ein, zunächst selbst zu überlegen, was passiert ist, wie sich die Mutter verhalten hat.

Reflexionsübung 31: «Was ist passiert?»

«Was ist passiert?»

Erläuterung: Was ist passiert?

Die Mutter klopft an Silvis Tür und wird von ihr schroff zurückgewiesen. Unschlüssig darüber, was sie tun soll, wendet sich die Mutter zunächst ab, entscheidet sich dann aber doch dafür, vorsichtig in Silvis Zimmer vorzudringen. Mit einer liebevollen Berührung – ohne sie jedoch mit ihren Blicken zu erreichen – versucht die Mutter, Kontakt zu Silvi herzustellen, und bemüht sich, mit einer Phrase die düstere Stimmung ihrer Tochter zu vertreiben. Erfolglos, wie sich zeigt. Nun nimmt die Mutter einen neuen Anlauf und lockt Silvi mit einer Shoppingtour am nächsten Tag. Silvi signalisiert zwar schwache Zustimmung, ihre Befindlichkeit jedoch ändert sich nicht. Auch dann nicht, als die Mutter sie erneut auffordert, mit ihr gemeinsam zu essen. Silvi gibt vor, müde zu sein und bringt damit ihre Mutter dazu, das Zimmer zu verlassen. Alleingelassen mit ihrem Kummer hängt Silvi ihren Gedanken nach.

Bevor Sie sich nun die Fazits zu diesem Lösungsszenario ansehen, notieren Sie sich auch hier erst Ihre eigenen Gedanken auf dem Reflexionsbogen der nächsten Seite.

Reflexionsübung 32: «Wie verhält sich die Mutter?», «Was lernt Silvi?»

«Wie verhält sich die Mutter?»

«Was lernt Silvi?»

Fazit zur Variante C

(Vergleichen Sie hierzu auch die jeweils angegebenen Erziehungstipps auf den Seiten 173–178)

Ihr Ziel, Silvi auf andere Gedanken zu bringen, hat die Mutter offensichtlich nicht erreicht, auch wenn sie selbst dies anders sehen mag. Immerhin hat sie ja ihrer Tochter die Zustimmung zu einer Einkaufstour entlockt und konnte sich mit diesem Erfolg wieder zurückziehen. Bei genauerem Hinsehen stellt sich die Situation jedoch anders dar.

- Zwar verhält sich die Mutter durchaus besorgt und fürsorglich, doch es gelingt ihr nicht, die eigentliche Ursache für Silvis abweisendes Verhalten und ihre Verstimmung herauszufinden. Dies liegt vor allem daran, dass sie es nicht schafft, ihre Tochter dahin zu bringen, offen über ihr Problem zu reden.
- Stattdessen versucht sie, mit schnellen und oberflächlichen Lösungsvorschlägen Silvis deprimierte Stimmung aufzuhellen. Dabei ist vor allem eine Problembewältigung durch Konsum nicht sinnvoll. Nicht etwa, weil Konsum an sich verwerflich ist, sondern weil durch Konsum keine emotionalen Probleme gelöst werden können.

Für Silvi ist das Verhalten der Mutter wenig hilfreich. Vordergründig scheint die Beziehung zwischen ihr und ihrer Mutter zwar intakt zu sein, doch sie bekommt keine wirklich nachhaltige emotionale Unterstützung von ihr. Deshalb muss Silvi allein mit dem zurechtkommen, was ihr auf der Seele liegt.

7.5
Gewalt-Computerspiele oder «Computerspiele machen dumm»

Ausgangssituation

Ralph, der 17jährige Sohn der Familie Fürstenau, sitzt in seinem Zimmer am Computer und spielt wie ein Besessener ein Computerspiel. Es ist ein Spiel der besonderen Sorte, bei dem es darum geht, mit einer Kanone virtuelle Feinde zu töten. Blut spritzt, Leichenteile fliegen davon. Wer am schnellsten und sichersten getroffen hat, gewinnt die meisten Punkte; und wer viel trainiert, kann seinen persönlichen Punkterekord standig erhöhen. Ohne sein Spiel zu unterbrechen, stopft Ralph Chips in sich hinein und saugt an einer Getränkedose. Sein Vater und Silvi, seine 15jährige Schwester, warten darauf, dass er zum Essen kommt. Vater Fürstenau ruft mit lauter Stimme nach seinem Sohn, doch statt einer Antwort sind nur dumpfe Ballergeräusche aus Ralphs Zimmer zu hören. Silvi erzählt ihrem Vater von einer Klinik, in der computersüchtige Kinder und Jugendliche behandelt werden, woraufhin sich der Vater irritiert auf den Weg zu Ralphs Zimmer macht. Er öffnet die Tür und blickt auf seinen Sohn, der fasziniert auf seinen Bildschirm starrt.

«Was würden Sie als Nächstes machen, wenn Sie an der Stelle des Vaters wären?»

Analog zu den anderen Szenarien laden wir Sie auch diesmal dazu ein, sich zunächst ein paar eigene Gedanken zu dieser Ausgangssituation zu notieren und sich zu überlegen, wie Sie selbst reagieren würden, bevor Sie sich eine der drei Möglichkeiten – die Varianten A, B und C – ansehen.

Reflexionsübung 33: «Was habe ich wahrgenommen?», «Wie würde ich jetzt spontan reagieren?»

«Was habe ich wahrgenommen?»

_____

_____

_____

_____

_____

_____

_____

_____

_____

_____

_____

_____

«Wie würde ich jetzt spontan reagieren?»

_____

_____

_____

_____

_____

_____

_____

_____

_____

_____

_____

Variante A

«Dem Sohn verbieten, sich mit Gewalt-Computerspielen zu beschäftigen»

Wiederum möchten wir Ihnen die Gelegenheit geben, selbst aktiv zu werden.

Reflexionsübung 34: «Was ist passiert?»

«Was ist passiert?»

Erläuterung: Was ist passiert?

Mit drohender Stimme fordert der Vater Ralph auf, sofort zum Essen zu kommen. Ralph versucht mit einer abwehrenden Handbewegung weitere Zeit für sein Computerspiel zu gewinnen. Vergeblich. Der Vater macht kurzen Prozess. Er unterbricht die Stromzufuhr zum Computer und löst damit bei Ralph Aggressionen aus. In einem Hin und Her von Beschuldigungen und Vorwürfen spitzt sich der Konflikt zu. Zuerst macht der Vater klar, dass er keine Gewalt duldet und dass er im Hause das Sagen hat. Dann treibt Ralph seinen Vater mit dem Hinweis in die Enge, selber Gewaltkrimis zu konsumieren und wird postwendend mit einer Flut von Beschimpfungen von ihm abgekanzelt. Ralph wiederum zeigt massiven Widerstand und besteht darauf, dass sein Vater sich nicht in sein Leben einmischen soll. Um seine Unabhängigkeit unter Beweis zu stellen, will er den Computer wieder anschließen und es kommt zwischen ihm und dem Vater zu einer kurzen Rangelei. Der Vater behält die Oberhand, nimmt den Bildschirm zu sich, um ihn im Keller zu verstauen und droht Ralph obendrein eine weitere Strafe an. Ohnmächtig vor Wut rennt Ralph aus dem Haus, um bei seinem Freund weiterzuspielen.

Überlegen Sie sich zuerst selbst die wichtigsten Punkte dieser Handlungsalternative.

Reflexionsübung 35: «Wie verhält sich der Vater?», «Was lernt Ralph?»

«Wie verhält sich der Vater?»

«Was lernt Ralph?»

Fazit zur Variante A

(Vergleichen Sie hierzu auch die jeweils angegebenen Erziehungstipps auf den Seiten 173–178)

Durch die Art und Weise, wie der Vater mit seinem Sohn umgeht, nimmt er sich jede Möglichkeit, auf ihn Einfluss zu nehmen. Entscheidend dafür sind mehrere Punkte:

- Erstens lässt er sich gleich zu Anfang durch die abweisende Geste seines Sohnes provozieren und gerät so in eine Ärgerfalle, aus der er nicht mehr herauskommt.
- Zweitens versucht er, den Konflikt durch aggressives und dominantes Verhalten zu lösen und versperrt sich damit den Zugang zu seinem Sohn. Zu einem offenen Meinungsaustausch über das Für und Wider von Computerspielen kann es dadurch nicht einmal im Ansatz kommen.
- Drittens lässt er den Konflikt über Computerspiele zu einem Beziehungskonflikt ausufern, was das Verhältnis zu seinem Sohn erheblich belastet.

Was bedeutet dies alles für Ralph? Die Wahrscheinlichkeit ist groß, dass er zu seinem Vater, der ihn so demütigend behandelt, auf Distanz geht. Vor dem Hintergrund der beeinträchtigten Vater-Sohn-Beziehung ist schwer vorstellbar, dass er von sich aus das Gespräch mit seinem Vater sucht – schon gleich gar nicht, wenn es um Computerspiele geht. Auf seinen Hang für Gewalt-Computerspiele wird er ohnehin nicht verzichten müssen. Gelegenheiten dazu, dieser Vorliebe ungehindert weiter nachzugehen, gibt es außerhalb seines Elternhauses mehr als genug.

Variante B

«Auf die Vorliebe des Sohns für Gewalt-Computerspiele eingehen»

Auch diese Variante lädt dazu ein, sich erst einmal ein paar Gedanken zu machen.

Reflexionsübung 36: «Was ist passiert?»

«Was ist passiert?»

_____

_____

_____

_____

_____

_____

_____

_____

_____

_____

_____

_____

_____

_____

_____

_____

_____

_____

_____

_____

Erläuterung: Was ist passiert?

Der Vater will Ralph zum Essen holen. Ralph möchte jedoch noch sein Spiel zu Ende spielen und sein Vater ist damit einverstanden. Ein zufriedenes Lächeln huscht über Ralphs Gesicht, weil er glaubt, dass es ihm gelungen ist, seinen Vater aus dem Feld zu schlagen. Doch er hat sich zu früh gefreut. Pünktlich nach einer halben Stunde erscheint der Vater wieder und besteht zunächst einmal darauf, dass Ralph den Computer ausschaltet. Ralph ahnt, was auf ihn zukommt, und bringt sich mit ein paar Argumenten in Verteidigungsstellung. Sein Vater lässt ihn jedoch mit einem ironischen Kommentar auflaufen. Ohne mit seiner Kritik über Gewalt-Computerspiele hinterm Berg zu halten, versucht er herauszufinden, was Ralph an solchen Spielen so fasziniert und bekommt das Übliche zu hören: es gehe nicht nur um Gewalt, sondern um eine gute Story, um Geschicklichkeit und Denkvermögen, sagt Ralph. Der Vater fordert nun den Praxistest. In einem virtuellen Boxkampf spielt er gegen seinen Sohn – und verliert haushoch. Wohl oder übel muss er Ralphs Überlegenheit am Computer anerkennen, doch er zweifelt seine sportlichen Fähigkeiten im realen Leben an. Als er feststellt, dass Ralph sich für die gewaltlose Kampfsportart Aikido interessiert, schlägt er ihm vor, einen Aikido-Kurs zu machen, aber die Resonanz ist nur mäßig. Nach kurzem Nachdenken kommt der Vater auf eine andere Idee. Ob Ralph wohl eine Homepage für seine Mutter erstellen kann? Ralph geht auf den Vorschlag ein und plötzlich sind Vater und Sohn mit Eifer dabei, übers Internet ein geeignetes Programm ausfindig zu machen. Silvi kommt dazu und amüsiert sich darüber, dass sie es inzwischen mit zwei Computerfreaks zu tun hat.

Noch einmal legen wir Ihnen zunächst nahe, sich Gedanken zu den Fazits dieser Situation zu machen.

Reflexionsübung 37: «Wie verhält sich der Vater?», «Was lernt Ralph?»

«Wie verhält sich der Vater?»

«Was lernt Ralph?»

Fazit zur Variante B
(Vergleichen Sie hierzu auch die jeweils angegebenen Erziehungstipps auf den Seiten 173–178)

Wichtigstes Ziel für den Vater ist es, mit seinem Sohn über das Thema Computerspiele ins Gespräch zu kommen. Dass ihm dies gelingt, verdankt er vor allem seinem Geschick, einen positiven Kontakt zu Ralph aufzubauen und den Gesprächsfaden nicht abreißen zu lassen. Wie geht er dabei im Einzelnen vor?

- Gleich zu Beginn räumt er Ralph ein bisschen mehr Spielzeit ein und gibt damit zu erkennen, dass er ihn grundsätzlich mit seinen Anliegen ernst nimmt.
- Trotzdem verliert der Vater sein Ziel, mit Ralph über seine Computerspiele zu sprechen, nicht aus dem Auge. Zunächst bringt er Ralph dazu, das Gewaltspiel abzubrechen. Dann sagt er ihm ganz offen, dass er von derartigen Spielen nichts hält und lässt sich auch von Ralphs Gegenargumenten nicht beirren. Dennoch: verbieten will er ihm die Gewaltspiele nicht. Er setzt vielmehr auf die Strategie, ihm andere Freizeitbeschäftigungen anzubieten, die ihn vom Spielen ablenken.
- In einem ersten Schritt hierzu schaltet der Vater gewissermaßen einen Gang herunter und lässt sich darauf ein, mit Ralph ein weniger brutales Kampfsportspiel am Computer zu spielen. Damit stellt er Gemeinsamkeit und eine gute Stimmung her. Während Ralph noch seinen überlegenen Sieg auskostet, greift der Vater das Thema «Kampfsport» auf und fragt Ralph, ob er Lust hat einen Kampfsport-Kurs zu machen. Doch Ralphs Begeisterung hält sich in Grenzen.
- Der Vater lässt nicht locker. Er bleibt bei seiner Strategie und hat mit seinem nächsten Vorschlag mehr Erfolg: die Idee, eine Homepage für die Mutter einzurichten, ist für ihn so reizvoll, dass er die Herausforderung gern annimmt.

Ralph macht die Erfahrung, dass ihn sein Vater trotz starker Meinungsverschiedenheiten in Sachen Gewaltspiele nicht ablehnt sondern sich sogar für seine Computerfähigkeiten interessiert. Doch: hat ihm sein Vater die Faszination für Gewaltspiele ein für allemal genommen? Vermutlich nicht. Wahrscheinlich braucht er noch einige Zeit, um den Markt virtueller Grausamkeiten zu durchschauen und eine distanziertere Haltung dazu zu gewinnen. Wichtig wäre es für ihn, dass sein Vater in dieser Sache nicht nur einmalig mit ihm ins Gespräch kommt, sondern beharrlich und auf längere Frist mit ihm im Gespräch bleibt.

Variante C

«Dem Sohn die Nachteile von Gewalt-Computerspielen nahe bringen»

Entsprechend der Vorgehensweise bei den anderen Szenarien möchten wir Sie auch an dieser Stelle dazu auffordern die einzelnen Lösungsvarianten vor dem Weiterlesen, bzw. Ansehen der Kommentare für sich selbst zu durchdenken und eventuell mit einer anderen Person zu diskutieren.

Reflexionsübung 38: «Was ist passiert?»

«Was ist passiert?»

Erläuterung: Was ist passiert?

Ralph vertröstet seinen Vater, der ihn zum Essen abholen will, macht ihn aber zugleich neugierig auf das, was auf dem Bildschirm abläuft. Als der Vater feststellt, mit welcher Art Computerspiel sich sein Sohn amüsiert, versucht er, ihn von den schädlichen Einflüssen solcher Computerspiele zu überzeugen. Ralph pariert jedoch jedes Argument mit Gegenargumenten, auf die der Vater nichts erwidern kann. So behauptet er, dass Computerspiele keineswegs Aggressivität fördern sondern entspannend sind; er betont, dass Computerspiele nicht dumm machen, sondern im Gegenteil sogar klüger; er pocht darauf, dass es bei Computerspielen vor allem um Denkaufgaben und Geschicklichkeit geht und nicht um Gewalt; usw., usw.. Während er eine Behauptung nach der anderen von sich gibt, spielt er unbehelligt weiter und startet zwischendurch sogar noch ein neues Spiel. Nun versucht der Vater mit neuen Einwänden, Ralph vom Computerspielen abzubringen. Er hält ihm vor, zu lange vor der Mattscheibe zu sitzen und kommt auf seine schlechten Schulleistungen zu sprechen. Wieder gelingt es Ralph, jede Kritik herunterzuspielen. Der Vater ist schließlich so entsetzt über die brutalen Szenen, dass ihm nichts anderes mehr einfällt, als den Untergang der Menschheit zu prophezeien. Doch auch diesmal behält Ralph das letzte Wort und sein Vater verlässt zermürbt den Raum.

Nun möchten wir Ihnen wieder die Gelegenheit geben, zunächst selbst über die Geschehnisse nachzudenken und sich auf dem Reflexionsbogen Notizen zu machen.

Reflexionsübung 39: «Wie verhält sich der Vater?», «Was lernt Ralph?»

«Wie verhält sich der Vater?»

«Was lernt Ralph?»

Fazit zur Variante C

(Vergleichen Sie hierzu auch die jeweils angegebenen Erziehungstipps auf den Seiten 173–178)

Der Vater will Ralph vom Computerspiel weglotsen und zum Essen holen. Beides misslingt ihm und das nicht ohne Grund.

- Statt bei seinem Vorhaben zu bleiben, lässt er sich – halb angewidert, halb fasziniert – in das brutale Computerspiel hineinziehen.
- Er versucht zwar, seinen Sohn davon zu überzeugen, wie schädlich solche Computerspiele sein können, doch er ist schlecht vorbereitet für dieses Gespräch.
- Die Argumente, die er vorbringt, sind so wenig überzeugend, dass es Ralph gelingt, ihn mit gegenteiligen Behauptungen mundtot zu machen.
- Schließlich zieht sich der Vater entnervt zurück und überlässt seinem Sohn das Feld.

Ralph probt den rhetorischen Widerstand und setzt sich damit auf der ganzen Linie durch. Über mögliche Gefahren bei Gewalt-Computerspielen wird er nicht wirklich aufgeklärt. Deshalb kann er auch keine kritische Distanz zu den brutalen Inhalten gewinnen und bleibt so in der Faszination dieser Spiele gefangen, ohne dass er daran gehindert wird.

8 Der Rote Faden: Vom Verhalten zum Erziehungsstil

Auch wenn manche glauben, dass im Falle von Jugendlichen das Wort «Erziehung» nicht mehr angebracht sei: diese DVD hat die Beziehungs- und Erziehungskompetenzen von Eltern im Umgang mit ihren jugendlichen Kindern zum Thema. Anhand von fünf unterschiedlichen Problemsituationen, mit denen die Eltern sich konfrontiert sehen, werden jeweils drei Lösungsvarianten dargestellt. Die Art und Weise, wie die Eltern das jeweilige Problem – oder genauer: Erziehungsproblem – lösen, ist typisch für einen bestimmten Erziehungsstil, der sich wie ein roter Faden durch die fünf Szenarien zieht. Genau genommen gibt es drei Erziehungsstile, die sich aus drei Erziehungsprinzipien ableiten lassen.

● Erstens: das Prinzip «Freiheit ohne Grenzen». Wo dieses Prinzip herrscht, können die Jugendlichen weitgehend tun und lassen, was sie wollen, ohne dass ihre Eltern sie daran hindern. In vielen Fällen ist das darauf zurück zu führen, dass die Eltern sich ihren Jugendlichen gegenüber nicht durchsetzen können oder – weil sie Konflikte mit ihren halbwüchsigen Söhnen und Töchtern scheuen – nicht durchsetzen wollen. Zum Beispiel in der Drogenszene: die Eltern gehen weder auf die Tatsache ein, dass die Party nicht mit ihnen abgesprochen war, noch haben sie den Argumenten, mit denen die Jugendlichen ihren Alkohol- und Drogenkonsum rechtfertigen, ernsthafte Einwände entgegenzusetzen – mit der Konsequenz, dass die Party ungestört weitergeht. Oder in der Computerspielszene: der Sohn versteht es, jedes der Argumente, das sein Vater gegen Gewalt-Computerspiele vorbringt, mit Gegenargumenten abzublocken und damit letztlich seinen Vater aus dem Feld zu schlagen.

● Zweitens: das Prinzip «Grenzen ohne Freiheit». Gemeint ist damit, dass die Eltern in einer persönlich herabsetzenden, einschränkenden und strafenden Weise auf das Verhalten und die Entwicklung ihrer Jugendlichen reagieren. Zum Beispiel in der Sexualitätsszene: die Eltern überschütten ihre Tochter mit Beschimpfungen, Demütigungen und Verboten. Sie verbieten ihrer Tochter u. a. auch, ihren Freund weiter zu treffen und erreichen damit genau das Gegenteil. Oder in der Gewaltszene: in ihrer Empörung verurteilen die Eltern nicht nur das Verhalten ihres Sohnes auf dem Schulhof, sondern werten ihn insgesamt als Person ab. Obendrein fordern sie von ihm kategorisch, sich bei seinem Mitschüler zu entschuldigen. Sie verweigern ihm jedoch jegliche Unterstützung bei der Frage, wie dies im Einzelnen geschehen soll, was dazu führt, dass der Sohn mit dem Entschuldigungsversuch scheitert.

● Drittens schließlich das Prinzip «Freiheit in Grenzen». Mit der besonderen Mischung seiner drei Merkmale «elterliche Wertschätzung», «Fordern und Grenzensetzen» und «Gewähren und Fördern von Eigenständigkeit» trägt es am ehesten dazu bei, dass sich Jugendliche in einer positiven Weise entwickeln können. Die Effekte dieses Erziehungsprinzips zeigen sich in den entsprechenden Lösungsalternativen aller fünf Problemszenarien. Zum Beispiel in der Drogenszene: bestimmt in der Sache und freundlich im Ton stellt der Vater zunächst klar, welche Regeln in Zukunft für Partys gelten sollen, und erarbeitet dann mit seiner Tochter und seinem Sohn den verantwortungsvollen Umgang mit Drogen und Alkohol. In deutlichen Worten äußert er sich zu den Konsequenzen, die der Missbrauch von Drogen und Alkohol nach sich zieht. Zugleich gibt er seinen Kindern aber auch zu verstehen, dass er ihnen zutraut, mit dem Konsum von Drogen und Alkohol selbstverantwortlich umzugehen. Oder in der Rückzugszene: hier geht die Mutter einfühlsam mit dem momentanen Bedürfnis ihrer Tochter nach Alleinsein um, ohne den Gesprächsfaden abreißen zu lassen. Zugleich gelingt es der Mutter, das Selbstbewusstsein ihrer Tochter zu stärken und sie zum eigenständigen Handeln zu bewegen.

Je deutlicher der rote Faden erkennbar wird, d. h. je häufiger ein bestimmtes Erziehungsprinzip in unterschiedlichen Situationen zum Tragen kommt, desto stärker wird sich das verfestigen, was die Jugendlichen dabei lernen.

Für das Prinzip «Freiheit ohne Grenzen» heißt das beispielsweise: die Jugendlichen lernen immer besser, welche Strategien sie gegen ihre Eltern anwenden können, um ihre unmittelbaren Bedürfnisse zu befriedigen, ohne für ihr ichbezogenes Verhalten zur Rechenschaft gezogen zu werden. Inwieweit sie damit auch außerhalb der Familie Erfolg haben, hängt allerdings davon ab, ob sie in der Schule, bei ihren Freunden oder im Berufsleben mit ihren Überredungskünsten und Rechtfertigungstaktiken auf ebenso viel Nachgiebigkeit treffen wie bei ihren Eltern.

Wenn Jugendliche nach dem Erziehungsprinzip «Grenzen ohne Freiheit» aufwachsen, bedeutet dies: es erhöht sich die Gefahr, dass sie sich entweder auf Dauer eingeschüchtert und passiv verhalten, oder dass sie ihre Bedürfnisse auf mehr oder minder aggressive Weise durchzusetzen versuchen – vor allem gegenüber Personen, die – wie ihre Eltern – Orientierungs- und Führungsaufgaben haben. Ob sich solche Verhaltensweisen verfestigen, hängt auch hier wesentlich davon ab, wie andere Menschen außerhalb der Familie darauf reagieren.

Für Jugendliche, die dauerhaft nach dem Prinzip «Freiheit in Grenzen» erzogen werden, hat das zur Folge: sie lernen in ihrer Familie nicht nur einen respektvollen Umgang miteinander kennen, sondern machen auch die wichtige Erfahrung, dass sie – wenn auch innerhalb bestimmter Grenzen – viel selbst entscheiden und verantwortungsvoll handeln können. Dies sind wesentliche Grundlagen dafür, dass sie sich auch außerhalb der Familie positiv weiterentwickeln können – und zwar umso mehr, je häufiger das Prinzip «Freiheit in Grenzen» auch im schulischen, beruflichen oder sonstigen gesellschaftlichen Leben praktiziert wird.

9 Überleben in schwierigen Situationen: Zwölf Erziehungstipps für Eltern von Teenagern

Tipp 1: Klären Sie Ihre Erziehungsstrategie

Was ist Ihnen für die Erziehung Ihres Teenagers wirklich wichtig? Was wollen Sie ihm mit auf den Weg geben? Wie wollen Sie Ihre *Erziehungsziele* im Alltag konkret umsetzen? Holen sie sich gegebenenfalls *Anregungen* aus Ratgeberbüchern, Fernseh- und Rundfunksendungen, Elternkursen und natürlich auch aus dieser DVD. Lesen Sie als Einstieg das Kapitel «Ein paar Worte über die Erziehung von Jugendlichen» in diesem Buch. Darüber hinaus gibt es im Internet unter www.freiheit-in-grenzen.org und im Literaturteil am Ende dieses Elterncoachs weitere Informationen zum Erziehungskonzept «Freiheit in Grenzen».

Entscheiden Sie dann selbst, was Sie von diesen Anregungen in Ihre eigene Erziehungsstrategie übernehmen wollen. Und wenn sie in einer Partnerschaft leben: *Klären* Sie auch mit Ihrem Partner oder Ihrer Partnerin Ihre Erziehungsgrundsätze. Das ist wichtig, damit Sie als Eltern *solidarisch* sind und mit einer Zunge sprechen, und damit sich keine offenen oder verdeckten Koalitionen zwischen Ihrem Partner und Ihrem Teenager ergeben.

Tipp 2: Denken Sie stets dran: Beziehung geht vor Erziehung

Wenn Sie sich die Chance bewahren wollen, auf Ihren Teenager Einfluss zu nehmen, ist die wichtigste Voraussetzung dafür eine *intakte Beziehung* – und zwar nicht nur ganz allgemein sondern auch in Konfliktsituationen. Seien Sie *offen für die Interessen* Ihres Teenagers, indem Sie nachfragen oder sich von ihm erklären lassen, wovon Sie vielleicht keine oder wenig Ahnung haben, z. B. wenn es um Computerthemen oder die neuesten Popsongs geht. Nehmen Sie sich *Zeit für Ihren Teenager,* stellen Sie sich auf ihn ein und seien Sie wirklich «erreichbar» für ihn. Verhalten Sie sich *freundlich* und bringen Sie Ihren *Humor* ins Spiel – möglichst jedoch nicht auf Kosten Ihres Teenagers. *Unternehmen Sie etwas gemeinsam,* was ihnen beiden Spaß macht, z. B. eine Biketour oder den Besuch einer Musikveranstaltung. Dies alles trägt zu einer lebendigen und positiven Beziehung bei.

Besonders wichtig ist eine *positive Beziehung*, wenn es Konflikte zwischen Ihnen und Ihrem Teenager gibt. Nehmen Sie eine «erwachsene» *Haltung* ein, d. h. reden und handeln Sie auch in solchen Situationen *respektvoll* – so, wie sie es auch bei einem Erwachsenen tun würden, der Ihnen viel bedeutet. Sagen Sie ihrem Teenager, was Ihnen an seinem Verhalten nicht passt – ohne ihn mit Kränkungen und Beleidigungen als Person abzuwerten. Verlassen Sie diese Linie auch dann nicht, wenn Ihr Teenager Ihnen gegenüber einen wenig respektvollen Ton anschlägt. Sagen Sie ruhig und mit wenigen Worten, was Ihnen an seiner Art der Kommunikation missfällt, und sprechen Sie dann das eigentliche Thema des Konflikts an.

Im Übrigen gilt die allgemeine Erkenntnis: niemand ist perfekt – auch dann nicht, wenn es um die Erziehung von Kindern geht. Falls Sie Ihrem Teenager gegenüber einmal *überreagiert* haben, fällt Ihnen «kein Zacken aus der Krone», wenn Sie sich bei ihm dafür entschuldigen. Erklären Sie ihm, warum Sie so aufgebracht gewesen sind und dass Sie sich vornehmen, in Zukunft weniger heftig zu reagieren. Ihr Teenager lernt dadurch, dass auch *Eltern nur Menschen* sind und dass *negative Emotionen* zum Leben dazu gehören. Allerdings ist man negativen Emotionen nicht rettungslos ausgeliefert (siehe Tipp 3).

Tipp 3: Kontrollieren Sie Ihren Ärger

Ärger ist eine negative Emotion, zugleich aber auch eine wichtige Gefühlsregung, die signalisiert, dass etwas nicht in Ordnung ist. Wenn der Ärger jedoch überhand nimmt, *beeinträchtigt* er die Fähigkeit, *klar und vernünftig* zu denken. Was können Sie tun, wenn Sie – ausgelöst durch unannehmbares Verhalten oder provozierendes Reden Ihres Teenagers – übermäßigen Ärger empfinden? Das Wichtigste ist: *Handeln Sie erst, nachdem Sie Ihren «Adrenalinspiegel» gesenkt haben.* Hier ein paar Tipps zur schnellen *Ärgerbewältigung*:

- *Atmen* Sie ein paar Mal tief durch.
- *Zählen* sie von 1 bis 10.
- Stellen Sie sich vor, welchen Wert Sie gerade auf Ihrem «*Ärgerthermometer*» (von 0 bis 100) haben.
- Stellen Sie sich vor, Sie haben den Fernseher angeschaltet und *sehen sich selbst*, wie Sie gerade agieren.
- Nehmen Sie sich eine «*Auszeit*». Sagen Sie z. B. «Ich bin jetzt ziemlich wütend und brauche ein Zeit zum Abkühlen. In fünf Minuten können wir weiter über die Sache sprechen.» Nutzen Sie dann diese Zeit, um sich auf Ihre *Erziehungsstrategie* (siehe Tipp 1) zu besinnen.

Probieren Sie aus, was für Sie am Besten geeignet ist.

Tipp 4: Bleiben Sie im Gespräch

Lassen Sie sich nicht abwimmeln, wenn Ihr Teenager bei wichtigen Themen wie z. B. Sexualität, Drogen oder schulischen Problemen keine Lust hat, mit Ihnen zu sprechen. Seien Sie *flexibel*, aber *bleiben Sie am Ball*: d. h. geben Sie sich und Ihrem Teenager Zeit, um zu entscheiden, *wann* Sie das Gespräch führen wollen, aber machen Sie gleichzeitig auch deutlich, *dass* Sie das Gespräch führen wollen. Vereinbaren Sie dafür einen geeigneten Zeitpunkt. Viele Themen lassen sich nicht durch ein einmaliges Gespräch klären. Achten Sie daher darauf, dass Sie nicht nur ins Gespräch *kommen* sondern auch im Gespräch *bleiben*. Auf diese Weise geben Sie Ihrem Teenager zu erkennen, dass Ihnen das Thema *wirklich wichtig* ist und dass Ihnen an einer *nachhaltigen Klärung* gelegen ist.

Tipp 5: Respektieren Sie die Freiheitsbedürfnisse Ihres Teenagers

Jugendliche haben das Bedürfnis, ihre Fähigkeiten und Kräfte auszuprobieren. Sie wollen neue Erfahrungen machen, ohne dass ihre Eltern ihnen ständig «auf die Pelle rücken». Geben Sie ihrem Teenager die Möglichkeit, diese Bedürfnisse auszuleben, sofern dies mit Ihren grundsätzlichen Erziehungs- und Entwicklungszielen vereinbar ist. Was Ihr Teenager zur Befriedigung seiner Bedürfnisse vor allem braucht, ist Zeit und auch ein wenig Geld: *Zeit für sich allein und für andere* (z. B. um seinen Hobbys nachzugehen oder um mit Freunden etwas zu unternehmen); *Geld für unterschiedliche Aktivitäten* (z. B. Sport, Konzerte) oder *jugendtypische Gebrauchsgegenstände* (z. B. CDs, Handys, Klamotten). Klären Sie mit Ihrem Teenager, *was machbar ist und was nicht*. Dabei sollten Sie ruhig auch finanzielle Eigenleistungen Ihres Teenagers (z. B. Ersparnisse, selbst verdientes Geld) mit in die Diskussion einbeziehen. Nutzen Sie auf jeden Fall die Möglichkeit, bestimmte Spielregeln zu vereinbaren und Absprachen zu treffen (siehe Tipp 7).

Tipp 6: Gehen Sie Machtspielen aus dem Weg

Konflikte sind häufig die Ursache für Machtspiele: jeder beharrt auf seiner Position und fährt immer stärkere Geschütze auf, um den anderen von der Richtigkeit der eigenen Position zu überzeugen. Typischerweise laufen Machtspiele nach dem Muster ab: *Druck erzeugt Gegendruck* – manchmal bis zu dem Punkt einer gewaltsamen Auseinandersetzung. Lassen Sie sich nicht auf solche Machtspiele mit Ihrem Teenager ein. Demonstrieren Sie ihm (und sich selbst) an einer kleinen *spielerischen Übung* das Prinzip von Druck und Gegendruck: Bitten Sie Ihren Teenager den Arm anzuwinkeln und die Hand mit der Handfläche nach außen zu heben. Sie sagen ihm, er solle nichts anderes tun, als den Arm und die Hand in dieser Position zu halten. Dann legen Sie Ihre Hand gegen die Handfläche Ihres Teenagers, drücken dagegen und beobachten, was passiert. In der Regel passiert Folgendes: Ihr Teenager wird dagegen drücken, um seine Position zu halten, was auch verständlich ist, denn das war ja schließlich die Anleitung zu dieser Übung.

Aber: in 90 Prozent der Fälle bleibt es nicht bei diesem Gegendruck, sondern Ihr Teenager wird versuchen, Ihren Arm und Ihre Hand herunter zu drücken, was durchaus *nicht* im Sinne der Anleitung ist.

Nutzen Sie diese Übung, wenn Sie mit Ihrem Teenager eine Meinungsverschiedenheit oder einen Konflikt austragen. Am Besten, indem Sie die Übung tatsächlich mit ihm durchführen und so unmittelbar den Sinn von Druck und Gegendruck verständlich machen. Selbst wenn Sie dies nicht tun: verhalten Sie sich im Sinne der Übung und verzichten Sie darauf, psychisch Druck auf ihn auszuüben und sich auf ein Machtspiel einzulassen. Tun Sie dies, indem Sie bei Ihrem Teenager *seine Sicht der Dinge erfragen und um Erläuterungen bitten*, indem Sie ihn *selbst Entscheidungsalternativen suchen lassen*, oder indem Sie in einer verfahrenen Situation vorschlagen, das *Gespräch zu einem anderen Zeitpunkt fortzuführen*.

Tipp 7: Verwenden Sie Regeln und Absprachen

Führen Sie eine *Regel* ein oder treffen Sie mit Ihrem Teenager eine *Absprache*, wenn es Ihnen wichtig ist, dass er sich in bestimmter Weise verhält. Etwa, wenn es darum geht, zu einem bestimmten Zeitpunkt zu Hause zu sein oder Gemeinschaftsaufgaben zu erledigen. Machen Sie Ihrem Teenager klar, dass Regeln zwar nicht in Stein gemeißelt sind und für ewig gelten, dass sie aber auch nicht einseitig außer Kraft gesetzt werden können. Führen Sie zusammen mit Ihrem Teenager *neue Absprachen* ein, wenn es die Umstände erfordern und unterstützen Sie ihn dabei, dass er sich auch tatsächlich an Absprachen halten kann. Doch kündigen Sie auch *Konsequenzen* für den Fall an, wenn Ihr Teenager sich nicht an die Regel oder die Vereinbarung hält (siehe Tipp 10).

Tipp 8: Lassen Sie Ihren Teenager selbst entscheiden

Geben Sie Ihrem Teenager so häufig wie möglich Gelegenheit, selbst zwischen verschiedenen Alternativen zu entscheiden. So vermitteln Sie ihm die Erfahrung, dass er *Wahlmöglichkeiten* hat und für seine *Entscheidungen selbst verantwortlich* ist – allerdings darüber hinaus auch für die *Konsequenzen*, die sich daraus ergeben. Ein Beispiel: Ihr Teenager möchte gern ein Mofa haben und Sie haben sich dazu bereit erklärt, einen Teil der Kosten zu übernehmen. Nun kommt Ihr Teenager mit einem weiteren Wunsch und möchte an einem Jugendcamp in Südfrankreich teilnehmen. Die Kosten dafür, die etwa gleich hoch sind wie Ihre Beteiligung an dem Mofakauf, sollen ebenfalls von Ihnen übernommen werden. Aus finanziellen oder anderen Gründen möchten Sie jedoch kein Geld für *beide* Vorhaben ausgeben. In diesem Fall können Sie Ihren Teenager *selbst entscheiden* lassen, welche der beiden Alternativen er bevorzugt – entweder das Mofa oder das Jugendcamp. *Unterstützen* Sie Ihren Teenager gegebenenfalls dabei, vorher im Einzelnen zu überdenken, welche *Konsequenzen* seine Entscheidung für ihn hat.

Tipp 9: Wappnen Sie sich gegen die Argumente Ihres Teenagers

Jugendliche fühlen sich häufig bereits als Erwachsene und argumentieren in einer Weise, als könnten sie schon auf eine jahrzehntelange Erfahrung zurückgreifen – vor allem dann, wenn sie ihre eigenen Interessen durchsetzen oder verteidigen wollen. Viele von ihnen sind nicht nur *debattierlustig* sondern auch scheinbar *gut informiert* und sie verhalten sich so, als ob sie gerade einen Rhetorikkurs erfolgreich hinter sich gebracht hätten. So wichtig solche Fähigkeiten grundsätzlich sind, so sehr kann ihre Anwendung in der Sache bisweilen gründlich daneben liegen. Einige Lösungsalternativen zu den Szenarien dieser DVD zeigen dies deutlich: z. B. wenn der 17jährige Ralph behauptet, dass Drogen nicht süchtig machen, oder dass Computerspiele die Intelligenz steigern. Wenn Eltern solchen Argumenten nichts entgegensetzen können, haben Jugendliche leichtes Spiel mit ihren quasi-«vernünftigen» Begründungen für unvernünftiges Verhalten. Deswegen: Seien Sie *gut vorbereitet*, wenn Sie mit Ihrem Teenager ein Gespräch über ein wichtiges Thema führen. Nutzen Sie z. B. das *Internet* für einschlägige Informationen, etwa die virtuelle Drogenberatung im Netz unter www.drogenberatung-jj.de oder beim Thema Computerspiele www.schau-hin.info. Lassen Sie sich nicht mit ein paar Schlagworten ins Bockshorn jagen, sondern gehen Sie den Dingen auf den Grund und *fragen nach*, um herauszufinden, wie informiert Ihr Teenager wirklich ist, und *klären Sie ihn wenn nötig auf*.

Tipp 10: Seien Sie sparsam, aber auch konsequent mit Konsequenzen

Wenn Eltern ihre Jugendlichen die Konsequenzen für unannehmbares Verhalten spüren lassen, besteht die Gefahr, dass sich Machtspiele daraus entwickeln – und genau denen sollten Sie ja möglichst aus dem Wege gehen (siehe Tipp 6). Deswegen die Empfehlung: Seien Sie *sparsam mit Konsequenzen* und verwenden Sie dieses erzieherische Mittel tunlichst nur dann, wenn es Ihnen wirklich wichtig ist. Am Günstigsten ist es, wenn Sie Konsequenzen mit bestimmten *Regeln und Absprachen* in Verbindung bringen (siehe Tipp 7), so dass ihr Teenager weiß, was auf ihn zukommt, wenn er die Regel nicht einhält. Angenommen, Ihr Teenager fährt ein Mofa. Dann ist es ratsam, dass Sie von Anfang an bestimmte Regeln festlegen, z. B. dass er beim Mofafahren immer einen Schutzhelm trägt oder sein Mofa nicht benutzt, wenn er Alkohol getrunken hat. Häufig genügt es schon, wenn Sie *ankündigen*, dass Sie ein waches Auge auf die Einhaltung dieser Regeln haben werden. Schon dieser *Hinweis* ist für Ihren Teenager ein Signal, dass er mit Konsequenzen zu rechnen hat, falls er gegen die Regeln verstößt. Sie können aber auch genauer werden und Ihren Teenager wissen lassen, dass Sie das Mofa für eine bestimmte Zeit wegsperren werden, wenn die vereinbarten Regeln nicht eingehalten werden. Schließlich sollten Sie eine angekündigte Konsequenz dann aber auch *tatsächlich umsetzen* – das ist ganz wichtig. Bezogen auf das Mofa-Beispiel heißt das: wenn Sie sehen, dass Ihr Teenager ohne Schutzhelm fährt, sollten Sie das Mofa ohne Wenn und Aber für die festgelegte Zeit aus dem Verkehr ziehen.

Und noch etwas Wichtiges: achten Sie darauf, dass die Konsequenzen, die Sie ankündigen, «vernünftig» sind, d. h. dass sie möglichst einen Bezug zu der Regelverletzung haben, und dass sie tatsächlich *überprüfbar* sind. Wenn Sie z. B. für Ihren schutzhelmlosen Mofafahrer ein Fernsehverbot verhängen, macht das wenig Sinn. Ebenso wenig sinnvoll ist es, Ihrem Teenager etwa zu verbieten, eine bestimmte Person je wieder zu sehen. Da Sie keine totale Kontrolle über sein Leben haben, können Sie ein solches Wiedersehen gar nicht verhindern. Unvernünftige und unkontrollierbare Konsequenzandrohungen werden häufig in einem Zustand der Erregung und mit einer strafenden Absicht ausgesprochen. Konsequenzen sollten aber keine strafende sondern eine *verhaltensorientierende Funktion* haben. Mit anderen Worten: es geht nicht darum, Ihren Teenager zu maßregeln, sondern darum, dass er sich in Zukunft *aus eigenem Antrieb verantwortungsvoll* verhält. Deswegen ist es wichtig, Konsequenzen wohlüberlegt, mit kühlem Kopf anzukündigen – und auch umzusetzen (siehe Tipps 1 und 3).

Tipp 11: Leben Sie vor, was Ihnen wichtig ist

Jugendliche werden durch ihre Eltern nicht nur über erzieherische Maßnahmen beeinflusst. Mindest genauso groß kann der elterliche Einfluss sein, wenn sie das Verhalten ihrer Eltern in Situationen *beobachten*, an denen sie selbst nicht unmittelbar beteiligt sind. Besonders folgenreich ist dies, wenn Eltern von ihren Jugendlichen *etwas verlangen, was sie selbst nicht tun*, z. B. wenn sie ihrem Teenager das Rauchen verbieten und selbst genüsslich am Glimmstengel ziehen, oder wenn sie ihren Teenager zurechtweisen, weil er sich mit einem Schwall von Fäkalausdrücken über einen Lehrer auslässt und sie selbst sich nicht anders verhalten, wenn sie sich über ihren Chef geärgert haben. Kinder und Jugendliche haben ein feines Gespür dafür, ob ihre Eltern «Wasser predigen und selbst Wein trinken» – wie es in einer Redensart heißt. Wenn das, was Sie als Vater oder Mutter *fordern*, nicht mit dem übereinstimmt, was Sie selbst *tun*, verringert sich die Wahrscheinlichkeit, dass Ihr Teenager die geforderten Verhaltensstandards zu seinen eigenen macht. Überprüfen Sie daher, ob Ihre *Erziehungsstrategie* (siehe Tipp 1) mit Ihrer eigenen *Lebensstrategie* und Ihren *Wertvorstellungen* im Einklang steht – und handeln Sie entsprechend.

Tipp 12: Holen Sie sich Rat und Unterstützung

Es kann Lebensumstände geben, die es Ihnen schwer machen, mir Ihrem Teenager zurecht zu kommen. Sei es, dass er über die üblichen Alltagsprobleme hinaus in seinem *Verhalten bzw. seiner Entwicklung auffällig* ist. Sei es, dass andere Umstände wie *Krankheit, Partnerkonflikte, berufliche oder finanzielle Probleme* Sie belasten. Fehlt dann auch noch die *Unterstützung* in Ihrem persönlichen Umfeld, wächst der *Erziehungsstress* gewaltig. Wenn dies der Fall ist, scheuen Sie sich nicht, *kompetenten Rat und Unterstützung* von außen zu holen. Es spricht für Ihre persönliche Reife und Ihr Verantwortungsbewusstsein, wenn Sie die Dinge nicht einfach laufen lassen. Wenn

Sie *professionelle Unterstützung* brauchen, nehmen Sie am Besten mit einer *Erziehungsberatungsstelle* in Ihrer Nähe Kontakt auf. Über mögliche *Adressen* können Sie sich u. a. im *Internet* informieren. Die Deutsche Arbeitsgemeinschaft für Jugend- und Eheberatung e. V. bietet unter www.dajeb.de/suchmask.htm einen «Beratungsführer online» an, über den – orientiert an den Postleitzahlen – deutschlandweit entsprechende Beratungsstellen für spezielle Probleme recherchiert werden können. Gleiches gilt auch für das Verzeichnis der Erziehungs- und Familienberatungsstellen der Bundeskonferenz für Erziehungsberatung unter www.bke.de/ratsuchende.htm (siehe auch den Adressenpool im Anhang, S. 199).

10 Was sagen die anderen zur «Freiheit in Grenzen»-DVD?

Im Mai 2006 wurden über E-Mail 1197 Nutzer der mit der vorliegenden DVD inhaltsgleichen CD-ROM «Freiheit in Grenzen» angeschrieben und gebeten, einen kurzen Internet-Fragebogen mit geschlossenen und offenen Fragen zu beantworten. 298 Teilnehmer sandten den Fragebogen ausgefüllt zurück.

Zunächst die wichtigsten Ergebnisse im Überblick:

- Drei Viertel der Befragten verwenden die CD-ROM im professionellen und ein Viertel im privaten Kontext als Elternperson.
- Auf die CD-ROM aufmerksam wurden die Befragten vor allem durch die Presse, das Internet, Freunde und Bekannte, die Schule, Erziehungsberatungsstellen oder Familienbildungsstätten, sowie durch diverse andere Quellen.
- Folgende Aspekte der CD-ROM bewerten die Befragten als *nützlich* oder *sehr nützlich*
  81 % → Unterstützung der Eltern bei der Erziehung
  84 % → Kommentar zu den einzelnen Lösungsvarianten
  83 % → Erziehungstipps
  49 % → Begleitheft (lag der CD-ROM bei)
- 95 % der Befragten würden die CD-ROM weiterempfehlen und nur 5 % sind unentschieden während sie kein Teilnehmer nicht weiterempfehlen würde.

Die folgenden Seiten geben die Auswertung ausgewählter Fragen in graphischer Darstellung wieder **(Abbildungen 17–21)**.

Frage: «In welchem Kontext verwenden Sie die CD-ROM?»

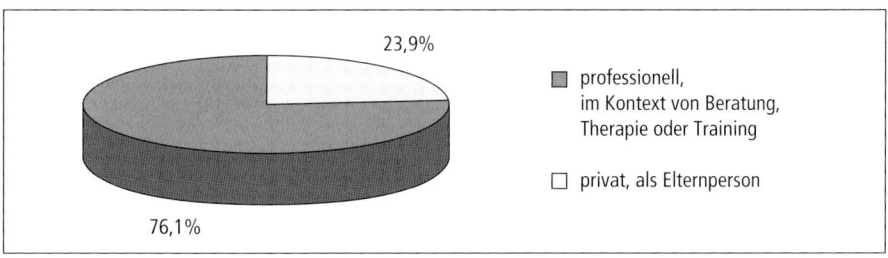

Abbildung 17: Umfrageergebnis «In welchem Kontext verwenden Sie die CD-ROM?»

Frage: «Auf welche Weise sind Sie auf die CD-ROM/DVD aufmerksam geworden?»

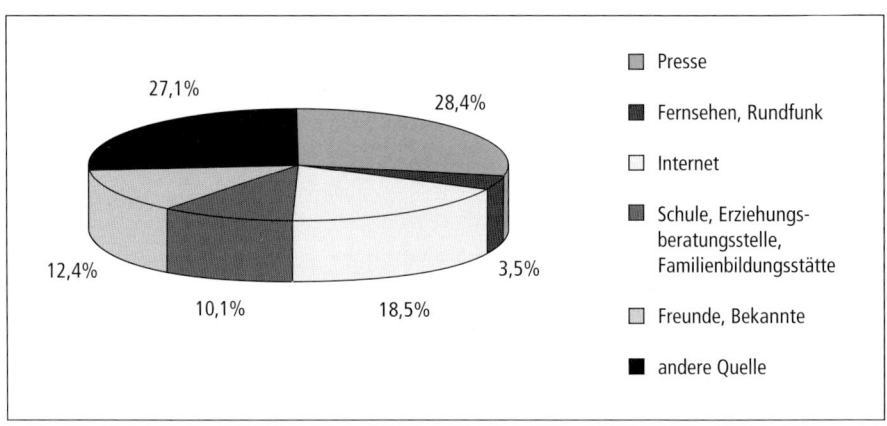

Abbildung 18: Umfrageergebnis «Auf welche Weise sind Sie auf die CD-ROM aufmerksam geworden?»

Frage: «Wie nützlich war die CD-ROM für Sie bezogen auf folgende Aspekte?»

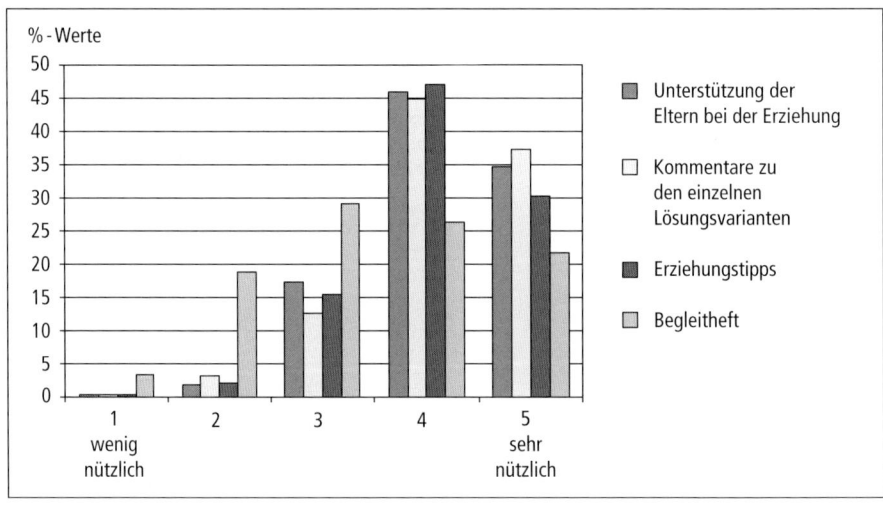

Abbildung 19: Umfrageergebnis «Wie nützlich war die CD-ROM für Sie bezogen auf folgende Aspekte?»

Frage: «Würden Sie die CD-ROM weiterempfehlen?»

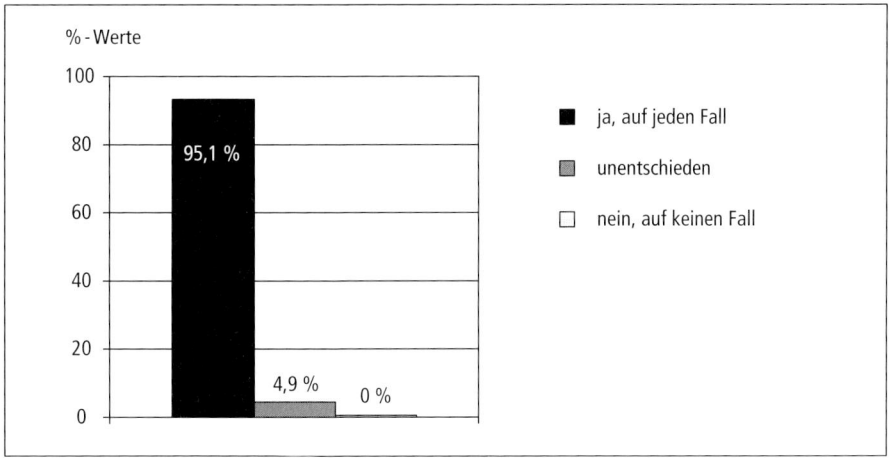

Abbildung 20: Umfrageergebnis «Würden Sie die CD-ROM weiterempfehlen?»

Abschließend sollen noch kurz die wichtigsten Ergebnisse zu der offenen Frage «Was gefällt Ihnen gut an der CD-ROM?» vorgestellt werden. Hierzu konnten die antwortenden Personen mehrere Punkte nennen. Die Auswertung erfolgte in Anlehnung an die Methodik der qualitativen Inhaltsanalyse (Mayring, 2007), wobei die wichtigsten Oberkategorien nochmals in einzelne Unterkategorien aufgeteilt wurden.

Die **Abbildung 21** zeigt zunächst sechs Oberkategorien, von denen zwei («Restkategorie» und «Nicht relevante Textpassagen») keine weitere Beachtung finden.

Frage: «Was gefällt Ihnen gut an der CD-ROM?»

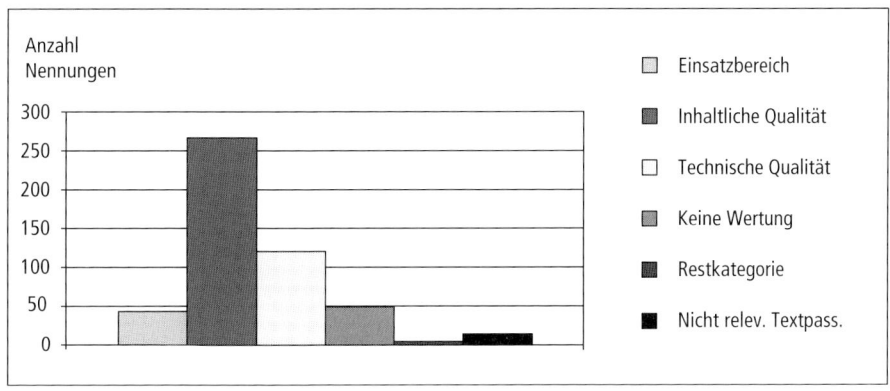

Abbildung 21: Umfrageergebnis «Was gefällt Ihnen gut an der CD-ROM?»

Die bei Weitem größte Zahl an Nennungen vereint die Kategorie «Inhaltliche Qualität» auf sich (269 Nennungen). An zweiter Stelle folgt mit 118 Nennungen die Kategorie «Technische Qualität». Unter «Keine Wertung» fallen 49 Fragebögen, in denen keine Angaben zu dieser Frage gemacht wurden.

Eine differenzierte Betrachtung der Oberkategorie «Inhaltliche Qualität» zeigt unter Einbeziehung diverser Unterkategorien, dass vor allem die Auswahl der Erziehungssituationen, der Realitätsbezug und die Praxisnähe der einzelnen Szenarien sowie die Einbettung der verschiedenen Lösungsalternativen in eine gut nachvollziehbare und theoretisch fundierte Handlungslehre besonders geschätzt wurden. Bezüglich der Oberkategorie «Technische Qualität» ergab sich aus den Unterkategorien, dass die Nutzer besonders von der hohen Professionalität der CD-ROM-Produktion und den überzeugenden schauspielerischen Leistungen angetan waren. Positiv hervorgehoben wurde vor allem auch die Verständlichkeit im Sinne einer klaren Struktur und anschaulichen Sprache.

11 Einsatzmöglichkeit des DVD-Elterncoachs im professionellen Kontext

Vor dem Hintergrund der in diesem Buch dargestellten theoretischen Inhalte und unter Einsatz der Selbsttests und Reflexionsübungen kann der DVD-Elterncoach auch im Rahmen von Elterntrainings, sowie in der Arbeit mit Jugendlichen eingesetzt werden. Sofern Jugendliche die Adressaten eines Trainings sind, können die im Folgenden beschriebenen Trainerleitfäden, die sich auf die Arbeit mit Eltern beziehen, entsprechend angepasst, bzw. Teile davon situativ eingesetzt werden. So kann zum Beispiel mit Jugendgruppen oder im Unterricht mit den verschiedenen Filmsequenzen, oder einzelnen Fragebögen gearbeitet werden.

Für die Arbeit mit Eltern empfehlen wir einen Kurs mit vier Terminen, die im wöchentlichen Abstand für die Dauer von jeweils ca. 2,5–3 Stunden stattfinden. Die Teilnehmerzahl sollte 8 Paare bzw. 16 Teilnehmer nicht überschreiten.

Im Folgenden finden Sie die in vier Module unterteilten Ablaufpläne (Trainerleitfäden) mit Hinweisen zur Gestaltung der einzelnen Termine und Angaben zu den jeweils benötigten Materialien. Die Zeitangaben in Minuten sind als Orientierungswerte zu verstehen und können je nach Bedarf der Teilnehmer individuell angepasst werden. (**Tabellen 7–14**).

Tabelle 7: Trainerleitfaden Modul 1/1

Modul 1			
Zeit	**Thema**	**Methode**	**Material**
5	Begrüßung der Teilnehmer Vorstellung des Referenten Organisatorisches	Stuhlkreis, Moderation	Poster Ablaufplan
15	Vorstellungsrunde der Teilnehmer	Stuhlkreis, Leitfragen: «Wer sind Sie?» «Warum sind Sie hier?» «Welche Erwartungen an den Kurs bringen Sie mit?»	Namensschilder Stifte
15	Theoretische Einführung: Freiheit in Grenzen – was ist das? Die drei Erziehungsprinzipien	Vortrag (orientiert sich an den Kapiteln 1–3 des Buches)	Buch, Konzeptpapier Poster Abbildung 3 «Drei Erziehungsprinzipien» Technik je nach Vortragsart
15	Selbsttest «Erziehungswerte»	Einführung, Selbsttest 1 bearbeiten, Auswertung/Nachbetrachtung (Statements sammeln und stichpunktartig notieren)	Kopien Selbsttest 1 Tabelle 2 + Auswertungstext Stifte Flipchart/Tafel
40	Die drei Erziehungsprinzipien: ▲ Elterliche Wertschätzung ▲ Fordern und Grenzensetzen ▲ Gewähren und Fördern von Eigenständigkeit	Kartenabfrage zu den drei Dreiecken der FIG-Pyramide Leitsätze: «Worin äußert sich…?» «Was bedeutet für Sie…?»	Moderationskarten in drei Farben Stifte Pinnwand
		Anheften der Karten an Pinnwand, dabei Zuordnung zu den drei Dreiecken mit Moderation, theoretischer Untermauerung, Erklärungen/ Ergänzungen evtl. Diskussion	Poster Abbildung 2 «Die ‹Freiheit in Grenzen›-Pyramide» Buch Konzeptpapier
20	Pause		Getränke, Knabbersachen

Notizen:

Tabelle 8: Trainerleitfaden Modul 1/2

Zeit	Thema	Methode	Material
50	Ausgangssituation 1: «Sexualität – oder: Ich weiß, wo die Babys herkommen»	Film zeigen	DVD + Abspielgerät, Fernseher/Beamer Reflexionsübungen 5–11 Stifte
	«Was haben Sie wahrgenommen?» «Wie würden Sie jetzt spontan reagieren?»	Statements sammeln, notieren, diskutieren (z. B. in Paararbeit)	Flipchart/Tafel
	Lösungsvariante A	Film zeigen	
	«Was ist passiert?» «Wie verhalten sich die Eltern?» «Was lernt Silvi?»	Statements sammeln, notieren, diskutieren	
	Lösungsvariante B	Film zeigen	
	«Was ist passiert?» «Wie verhalten sich die Eltern?» «Was lernt Silvi?»	Statements sammeln, notieren, diskutieren	
	Lösungsvariante C	Film zeigen	
	«Was ist passiert?» «Wie verhalten sich die Eltern?» «Was lernt Silvi?»	Statements sammeln, notieren, diskutieren	
10	Übung für zu Hause	Selbsttests: «Erziehungsgrundsätze», «Erziehungsverhalten»	Selbsttests 2, 3 Tabellen 3, 4 mit Auswertungstexten in Kopie mitgeben
	Abschlussrunde	Stuhlkreis, Blitzlicht Abschließende Worte Kursleiter Verabschiedung mit Hinweis auf nächste Sitzung	Materialmappen mit Kopien der Abbildungen 2, 3

Notizen:

Tabelle 9: Trainerleitfaden Modul 2/1

Modul 2			
Zeit	**Thema**	**Methode**	**Material**
5	Begrüßung, Organisatorisches	Stuhlkreis, Moderation	Poster Ablaufplan
20	Fragen zur letzten Einheit – Nachbetrachtung Modul 1 Hausaufgabe besprechen Wiederholung der drei Erziehungsprinzipien	Stuhlkreis, Blitzlicht Kurzvortrag (orientiert sich an den Kapiteln 1–3 des Buches) Überleitung zu den Reflexionsübungen zu Erfahrungen in der Herkunftsfamilie	Selbsttests 2, 3 «Erziehungsgrundsätze», «Erziehungsverhalten» Tabellen 3, 4 mit Auswertungstexten Poster Abbildung 2 «Die ‹Freiheit in Grenzen›-Pyramide»
30	Reflexionsübung: Erfahrungen in der Herkunftsfamilie: ● Wertschätzung ● Grenzen ● Eigenständigkeit	Reflexionsübungen bearbeiten Blitzlicht Auswertung/Nachbetrachtung, Diskussion	Kopien der Reflexionsübungen 1–3
15	Funktionen von Elternschaft	Statements sammeln – bereits beim Notieren bzgl. der 3 Funktionen «unbemerkt» sortieren	Flipchart/Tafel
20	Theorie: Drei Funktionen von Elternschaft	Vortrag (orientiert sich an den Kapiteln 4.1, 4.2 des Buches) Überschriften an Tafel hinzufügen	Buch, Konzeptpapier Technik je nach Vortragsart «Wolken» mit den Überschriften, Tesafilm
20	Pause		Getränke, Knabbersachen

Notizen:

_____

_____

_____

_____

_____

_____

_____

_____

_____

Tabelle 10: Trainerleitfaden Modul 2/2

Zeit	Thema	Methode	Material
50	Ausgangssituation 2: «Gewalt – oder: Dann hat er eine aufs Maul gekriegt»	Film zeigen	DVD + Abspielgerät, Fernseher/Beamer Reflexionsübungen 12–18 Stifte Flipchart/Tafel
	«Was haben Sie wahrgenommen?» «Wie würden Sie jetzt spontan reagieren?»	Statements sammeln, notieren, diskutieren (z. B. in Paararbeit)	
	Lösungsvariante A	Film zeigen	
	«Was ist passiert?» «Wie verhalten sich die Eltern?» «Was lernt Ralph?»	Statements sammeln, notieren, diskutieren	
	Lösungsvariante B	Film zeigen	
	«Was ist passiert?» «Wie verhalten sich die Eltern?» «Was lernt Ralph?»	Statements sammeln, notieren, diskutieren	
	Lösungsvariante C	Film zeigen	
	«Was ist passiert?» «Wie verhalten sich die Eltern?» «Was lernt Ralph?»	Statements sammeln, notieren, diskutieren	
10	Übung für zu Hause	Selbsttest: «Elternallianz»	Selbsttests 4 Tabelle 5 mit Auswertungstext in Kopie mitgeben
	Abschlussrunde	Stuhlkreis, Blitzlicht Abschließende Worte Kursleiter Verabschiedung mit Hinweis auf nächste Sitzung	Abbildung 4 in Kopie mitgeben

Notizen:

Tabelle 11: Trainerleitfaden Modul 3/1

Modul 3			
Zeit	**Thema**	**Methode**	**Material**
5	Begrüßung, Organisatorisches	Stuhlkreis, Moderation	Poster Ablaufplan
15	Fragen zur letzten Einheit – Nachbetrachtung Modul 2, Hausaufgabe besprechen, Wiederholung der Funktionen von Elternschaft	Stuhlkreis, Blitzlicht Kurzvortrag (orientiert sich an den Kapiteln 4.1 und 4.2 des Buches) Überleitung zu Selbsttest Erziehungswerte	Selbsttest 4 Tabelle 5 mit Auswertungstext Poster Abbildung 4 «Funktionen von Elternschaft»
30	Reflexionsübung – Erziehungswerte «Was meine ich mit: Ich will nur das Beste für mein Kind?»	Einführung, Reflexionsübung bearbeiten, Statements sammeln, auf Karten schreiben und vorlesen lassen, Auswertung/Nachbetrachtung, Diskussion	Moderationskarten Stifte Reflexionsübung 4
10	Erfolgsfertigkeiten	Zuordnung der gesammelten Statements zu Erfolgsfertigkeiten (Kapitel 4.4, Tabelle 6)	Pinnwand Poster Tabelle 6 «Erfolgsfertigkeiten»
30	Theorie: Herausfordernde Familientänze überleben Methoden des Grenzensetzens	Vortrag (orientiert sich an dem Kapitel 4.4 des Buches)	Buch, Konzeptpapier Technik je nach Vortragsart Poster Abbildung 6 «Methoden des Grenzensetzens»
20	Pause		Getränke, Knabbersachen

Notizen:

Tabelle 12: Trainerleitfaden Modul 3/2

Zeit	Thema	Methode	Material
50	Ausgangssituation 3: «Drogen – oder: Kiffen ist total normal!»	Film zeigen	DVD + Abspielgerät, Fernseher/Beamer Reflexionsübungen 19–25 Stifte Flipchart/Tafel
	«Was haben Sie wahrgenommen?» «Wie würden Sie jetzt spontan reagieren?»	Statements sammeln, notieren, diskutieren (z. B. in Paararbeit)	
	Lösungsvariante A	Film zeigen	
	«Was ist passiert?» «Wie verhalten sich die Eltern?» «Was lernen die Jugendlichen?»	Statements sammeln, notieren, diskutieren	
	Lösungsvariante B	Film zeigen	
	«Was ist passiert?» «Wie verhalten sich die Eltern?» «Was lernen die Jugendlichen?»	Statements sammeln, notieren, diskutieren	
	Lösungsvariante C	Film zeigen	
	«Was ist passiert?» «Wie verhalten sich die Eltern?» «Was lernen die Jugendlichen?»	Statements sammeln, notieren, diskutieren	
10	Übung für zu Hause	Selbsttest: «Problembesitz»	Selbsttest 5 Abbildung 5 in Kopie mitgeben
	Abschlussrunde	Stuhlkreis, Blitzlicht Abschließende Worte Kursleiter Verabschiedung mit Hinweis auf nächste Sitzung	Tabelle 6 Abbildung 6 in Kopie mitgeben

Notizen:

_____

_____

_____

_____

_____

_____

Tabelle 13: Trainerleitfaden Modul 4/1

Modul 4			
Zeit	**Thema**	**Methode**	**Material**
5	Begrüßung, Organisatorisches	Stuhlkreis, Moderation	Poster Ablaufplan
15	Fragen zur letzten Einheit – Nachbetrachtung Modul 3, Hausaufgabe besprechen	Stuhlkreis, Blitzlicht	Selbsttest 5 «Problembesitz» mit Auswertung Abbildung 5
	Wiederholung der «Herausfordernden Familientänze» und «Methoden des Grenzensetzens»	Kurzvortrag (orientiert sich an dem Kapitel 4.4 des Buches)	
20	Theorie: Zwölf Erziehungstipps	Vortrag (orientiert sich an Kapitel 9 des Buches)	Buch, Konzeptpapier Technik je nach Vortragsart
50	Ausgangssituation 4: «Rückzug – oder: Lass mich doch in Ruhe?»	Film zeigen	DVD + Abspielgerät, Fernseher/Beamer Reflexionsübungen 26–32 Flipchart/Tafel
	«Was haben Sie wahrgenommen?» «Wie würden Sie jetzt spontan reagieren?»	Statements sammeln, notieren, diskutieren (z. B. in Paararbeit)	
	Lösungsvariante A	Film zeigen	
	«Was ist passiert?» «Wie verhält sich die Mutter?» «Was lernt Silvi?»	Statements sammeln, notieren, diskutieren	
	Lösungsvariante B	Film zeigen	
	«Was ist passiert?» «Wie verhält sich die Mutter?» «Was lernt Silvi?»	Statements sammeln, notieren, diskutieren	
	Lösungsvariante C	Film zeigen	
	«Was ist passiert?» «Wie verhält sich die Mutter?» «Was lernt Silvi?»	Statements sammeln, notieren, diskutieren	
20	Pause		Getränke, Knabbersachen

Notizen:

Tabelle 14: Trainerleitfaden Modul 4/2

Zeit	Thema	Methode	Material
5	Theorie: Der rote Faden: Vom Verhalten zum Erziehungsstil	Vortrag (orientiert sich an dem Kapitel 8 des Buches)	Buch, Konzeptpapier
50	Ausgangssituation 5: «Gewalt-Computerspiele – oder: Computerspiele machen dumm!»	Film zeigen	DVD + Abspielgerät, Fernseher/Beamer Reflexionsübungen 33–39 Stifte Flipchart/Tafel
	«Was haben Sie wahrgenom- men?» «Wie würden Sie jetzt spontan reagieren?»	Statements sammeln, notieren, diskutieren (z. B. in Paararbeit)	
	Lösungsvariante A	Film zeigen	
	«Was ist passiert?» «Wie verhält sich der Vater?» «Was lernt Ralph?»	Statements sammeln, notieren, diskutieren	
	Lösungsvariante B	Film zeigen	
	«Was ist passiert?» «Wie verhält sich der Vater?» «Was lernt Ralph?»	Statements sammeln, notieren, diskutieren	
	Lösungsvariante C	Film zeigen	
	«Was ist passiert?» «Wie verhält sich de Vater?» «Was lernt Ralph?»	Statements sammeln, notieren, diskutieren	
15	Abschlussrunde	Stuhlkreis, Blitzlicht Feedback abschließende Worte Kursleiter Verabschiedung	Adressenpool Kapitel 9 «Zwölf Erziehungstipps» in Kopie mitgeben

Notizen:

Literatur

Amelang, M. (2000). Anlage- (und Umwelt-) Faktoren bei Intelligenz- und Persönlichkeitsmerkmalen. In M. Amelang (Hrsg.), *Enzyklopädie der Psychologie. Differentielle Psychologie und Persönlichkeitsforschung* (Bd. 4, S. 49–128). Göttingen: Hogrefe.

Asendorpf, J. (1994). Entwicklungsgenetik der Persönlichkeit. In K. A. Schneewind (Hrsg.), *Enzyklopädie der Psychologie. Pädagogische Psychologie* (Bd. 1, S. 107–135). Göttingen: Hogrefe.

Baier, T. (2003). *Puberterror.* Neuried: Care-Line Verlag.

Baumert, J. (Hrsg.) (2001). Pisa 2000. *Basiskompetenzen von Schülerinnen und Schülern im internationalen Vergleich.* Opladen: Leske & Budrich.

Baumrind, D. (1971). Current patterns of parental authority. *Developmental Psychology Monographs, 4,* 1–102.

Böhme, A. (2008). *Bildungs- und Erziehungsnotstand in Deutschland* (2. Aufl.). Books on Demand GmbH.

Böhmert, B. (2008). *Junge Familien in der Ehe-, Familien- und Lebensberatung. Beratungseffekte bei Eltern und ihre Auswirkungen auf die Eltern-Kind-Interaktion.* Saarbrücken: VDM Verlag Dr. Müller.

Borba, M. (1999). *Parents do make a difference.* San Francisco, CA: Josey-Bass.

Bowlby, J. (1969). *Attachment and loss: Vol 1: Attachment.* New York: Basic Books.

Bradley, R. H. (1999). The home environment. In S. L. Friedman & T. D. Wachs (Eds.), *Measuring environment across the life span* (pp. 31–58). Washington, DC: American Psychological Association.

Brezinka, W. (1989). *Aufklärung über Erziehungstheorien.* München: Reinhardt.

Bronfenbrenner, U. (Ed.) (2005). *Making human beings human.* Thousand Oaks, CA: Sage.

Bundesministerium für Familie, und Senioren (BMFuS) (1994). *Fünfter Familienbericht. Familien und Familienpolitik im geeinten Deutschland – Zukunft des Humanvermögens.* Bonn: Bundestagsdrucksache 12/7560.

Bundesministerium für Familie, Senioren, Frauen und Jugend (BMFSFJ) (Hrsg.) (1995). *Kinder- und Jugendhilfegesetz (Achtes Buch Sozialgesetzbuch)* (7. Aufl.). Filderstadt: W. E. Weinmann GmbH.

Bundesministerium für Familie, Senioren, Frauen und Jugend (BMFSFJ) (2006). *Siebter Familienbericht. Familie zwischen Flexibilität und Verlässlichkeit.* Berlin: Bundestagsdrucksache 16/1360.

Bundeskriminalamt (2007). PKS-Zeitreihen für den Zeitraum von 1987–2006. Verfügbar unter: *www.bka.de/pks/zeitreihen/index.html*

Clark, M. S. & Mills, J. (1993). The difference between comunal and exchange relationships: What it is and is not. *Personality and Social Psychology Bulletin, 19,* 684–691.

Cohen, D. B. (1999). *Strangers in the nest.* New York: Wiley.

Coles, R. (1998). *Moralische Intelligenz oder Kinder brauchen Werte.* Reinbek: Rowohlt.

Collins, W. A., Maccoby, E., Steinberg, L., Hetherington, e. M. & Bornstein, M. (2000). Contemorary research on parenting: The case for nature and nurture. *American Psychologist, 55*, 218–232.

Cummings, E. M., Goeke-Morey, M. C. & Graham, M. A. (2002). Interparental relations as a dimension of parenting. In J. G. Borkowski, S. L. Ramey & M. Bristol-Power (Eds.). *Parenting and the child's world: Influences on academic, intellectual, and social-emotional development* (pp. 251–263). Makwah, NJ.: Erlbaum.

De Wolff, M. S. & van Ijzendoorn, M. H. (1997). Sensitivity and attachment: A meta-analysis on parental antecedents of infant attachment. *Child Development, 68*, 571–591.

Domke, H. (1997). Gar nicht erzogen – und doch ausgezeichnet erzogen. Überlegungen zur Gestaltung familialer Bedingungen des Aufwachsens. In H. Macha & L. Mauermann (Hrsg.). *Brennpunkte der Familienerziehung* (S. 74–97). Weinheim: Deutscher Studienverlag.

ELTERN-Gruppe (2002). *Familienanalyse 2002.* Paderborn: Media-Print.

Erikson, E. (1973). *Kindheit und Gesellschaft.* Stuttgart: Klett.

Fromm, E. (1989). *Psychoanalyse und Ethik. Bausteine zu einer humanistischen Charakterologie.* Gesamtausgabe. (Band II, S.1–157). München: Deutscher Taschenbuch Verlag.

Fuhrer, U. (2007). *Erziehungskompetenz. Was Eltern und Familien stark macht.* Bern: Huber.

Gaschke, S. (2003). *Die Erziehungskatastrophe.* München: Heyne.

GEOWissen (2008). Nr. 41. *Pubertät. Auf der Suche nach dem neuen Ich.* Hamburg: Gruner + Jahr.

Gerster, P. & Nürnberger, C. (2001). *Der Erziehungsnotstand.* Berlin: Rowohlt.

Gloger-Tippelt, G. (2000). Familienbeziehungen und Bindungstheorie. In K. A. Schneewind (Hrsg.). *Familienpsychologie im Aufwind.* Göttingen: Hogrefe.

Gordon, T. (1982) *Familienkonferenz.* Hamburg: Hoffmann & Campe.

Grossmann, K. E. & Grossmann, K. (2004). *Bindungen – das Gefüge psychischer Sicherheit* (3. Aufl.). Stuttgart: Klett-Cotta.

Harris, J. R. (1995). Where ist the child's environment? A group socialization theory of development. *Psychological Review, 102*, 458–489.

Harris, J. R. (2000). *Ist Erziehung sinnlos? Die Ohnmacht der Eltern.* Reinbek: Rowohlt.

Hurrelmann, K. & Ulich, D. (Hrsg.). (1991). *Neues Handbuch der Sozialisationsforschung.* Weinheim/Basel: Beltz.

Kucklick, E. (2002). Die hohe Kunst des Helfens. *GEO, 4*, 126–154.

Lamnek, S., Luedke, J. & Ottermann, R. (2006). *Tatort Familie* (2. Aufl.). Wiesbaden: VS Verlag für Sozialwissenschaften.

Landscheidt, K. (2001). Das Lehrerurteil bei der Früherkennung von Kindern mit Verhaltensstörungen. *Psychologie in Erziehung und Unterricht, 48*, 107–119.

Langness, A., Leven, I. & Hurrelmann, K. (2006). In Shell Deutschland Holding (Hrsg.) *Jugend 2006. Eine pragmatische Generation unter Druck* (S. 49–102). Frankfurt a.M.: Fischer Verlag.

Lüscher, K. (1989). Von der ökologischen Sozialisationsforschung zur Analyse familialer Aufgaben und Leistungen. In R. Nave-Herz & M. Markefka (Hrsg.), *Handbuch der Familien- und Jugendforschung. Band 1: Familienforschung* (S. 95–112). Neuwied: Luchterhand.

Maccoby, E. E. (2002). Parenting effects: Issues and controversies. In J. G. Borkowski, S. L. Ramey & M. Bristol-Power (Eds.). *Parenting and the child's world: Influences on academic, intellectual, and social-emotional development* (pp. 35–46). Mahwah, NJ: Erlbaum.

MacKenzie, R. J. (1998). *Setting limits* (2nd ed.). Rocklin, CA: Prima Publishing.

Mayring, P. (2007). *Qualitative Inhaltsanalyse. Grundlagen und Techniken* (9. Aufl.). Weinheim: Beltz.

Merkle, T. & Wippermann, C. (2008). *Eltern unter Druck.* Stuttgart: Lucius & Lucius.

Mühling, T. & Smolka, A. (2007). *Wie informieren sich bayerische Eltern über erziehungs- und familienbezogene Themen? Ergebnisse der ifb-Elternbefragung zur Familienbildung 2006.* Bamberg: Staatsinstitut für Familienforschung der Universität Bamberg.

Neyer, F. J. & Spinath, F. M. (Hrsg.) (2008). *Anlage und Umwelt. Neue Perspektiven der Verhaltensgenetik und Evolutionspsychologie.* Stuttgart: Lucius & Lucius.

NICHD Early Child Care Research Network (Ed.) (2005). *Child care and child development: Results of the NICHD study of early child care and youth development.* New York: Guilford.

Oelkers, J. (2005). Kindererziehung im Konsumzeitalter. In W. Schmid (Hrsg.), *Leben und Lebenskunst zu Beginn des 21. Jahrhunderts* (S. 97–132). München: Fink.

Parke, R. D. & Buriel, R. (2006). Socialization in the family: Ethnic and ecological perspectives. In N. Eisenberg (Vol. Ed.), *Handbook of child development: Vol. 3, Social, emotional, and personality development* (6th ed., pp. 429–504). Hoboken, NJ: Wiley.

Petermann, F. (2002). *Lehrbuch der klinischen Kinderpsychologie und -psychotherapie.* Göttingen: Hogrefe.

Raser, J. (1999). *Erziehung ist Beziehung* (2. Aufl.). Weinheim: Beltz.

Resch, F. (2001). Der Einfluss gesellschaftlicher Rahmenbedingungen auf die kindliche Entwicklung. In K. Gebauer & G. Hüther (Hrsg.), *Kinder brauchen Wurzeln* (S. 90–106). Düsseldorf: Walter Verlag.

Robert Koch-Institut (Hrsg.) (2006). *Erste Ergebnisse der KiGGs-Stude zur Gesundheit von Kindern und Jugendlichen in Deutschland.* Druck: druckpunkt. Druckerei und Repro GmbH.

Rogers, C. R. (1976). *Entwicklung der Persönlichkeit.* Stuttgart: Klett-Cotta.

Ros, J. (2005). *Family Business. Das clevere Managementbuch für den Erziehungsalltag.* Düsseldorf: Patmos.

Rowe, D. C. (1997). *Genetik und Sozialisation.* Weinheim: Psychologie Verlags Union.

Scarr, S. (1992). Developmental theories for the 1990s: Development of individual differences. *Child Development, 63,* 1–19.

Schäfers, B. (1995). *Gesellschaftlicher Wandel in Deutschland* (6. Aufl.) Stuttgart: Enke.

Schmid, W. (2000). *Schönes Leben? Einführung in die Lebenskunst.* Frankfurt a. M: Suhrkamp.

Schneewind, K. A. (2002). Freiheit in Grenzen – Wege zu einer wachstumsorientierten Erziehung. In H.-G. Krüsselberg & H. Reichmann (Hrsg.), *Zukunftsperspektive Familie und Wirtschaft. Vom Wert von Familie für Wirtschaft, Staat und Gesellschaft* (S. 213–262). Grafschaft: Vektor-Verlag.

Schneewind, K. A. (2007). Erziehung nach dem Prinzip «Freiheit in Grenzen». Ein mediengestütztes Programm zur Stärkung elterlicher Erziehungskompetenzen. *Psychodynamische Psychotherapie, 6,* 183–196.

Schneewind, K. A. (2008a). «Freiheit in Grenzen» – Plädoyer für ein integratives Konzept zur Stärkung von Elternkompetenzen. In M. Cierpka (Hrsg.). *Möglichkeiten der Gewaltprävention* (2. Aufl., S. 177–205). Göttingen: Vandenhoeck & Ruprecht.

Schneewind, K. A. (2008b). Sozialisation in der Familie. In K. Hurrelmann, M. Grundmann & S. Walper (Hrsg.), *Handbuch Sozialisationsforschung* (7. Aufl., S. 207–224). Weinheim: Beltz.

Schneewind, K. A. & Böhmert, B. (2008). *Kinder im Grundschulalter kompetent erziehen. Der interaktive Elterncoach «Freiheit in Grenzen».* Bern: Huber.

Schneewind, K. A. & Böhmert, B. (2009). *Kinder im Vorschulalter kompetent erziehen. Der interaktive Erziehungscoach «Freiheit in Grenzen».* Bern: Huber.

Schneewind K. A. & Ruppert, S. (1995). *Familien gestern und heute: ein Generationenvergleich über 16 Jahre.* München: Quintessenz.

Sears, W. & Sears, M. (1995). *The discipline book.* Boston: Little Brown & Company.

Sturzbecher, D. & Holtmann, D. (Hrsg.) (2007). *Werte, Familie, Politik, Gewalt – Was bewegt die Jugend?* Münster: LIT Verlag.

Trudewind, C. (1975). *Häusliche Umwelt und Motiventwicklung.* Göttingen: Hogrefe.

Wetzels, P. (1997). *Gewalterfahrungen in der Kindheit.* Baden-Baden: Nomos.

Wissenschaftlicher Beirat für Familienfragen (2005). *Familiale Erziehungskompetenzen. Beziehungsklima und Erziehungsleistungen in der Familie als Problem und Aufgabe.* München: Juventa.

Wunderer, E. & Schneewind, K. A. (2008). *Liebe ein Leben lang? Was Paare zusammenhält.* München: dtv.

Quellen zu den Selbsttests:

Elternallianz:
Abidin, R. R. & Brunner, J. F. (1995). Development of a Parenting Alliance Inventory. *Journal of Clinical Child Psychology, 24,* 31–40. (Übersetzung des Fragebogens durch K. A. Schneewind).

Erziehungswerte:
Köhne, C. I. (2003). *Familiale Strukturen und Erziehungsziele zu Beginn des 21. Jahrhunderts.* Unveröffentlichte Dissertation an der Universität Duisburg-Essen.
Paezold, B. (1988). *Familie und Schulanfang.* Bad Heilbrunn: Klinkhardt.

Erziehungseinstellungen:
Hubmann, S. (2005). *Konstruktion und Evaluation eines Fragebogens zur Erfassung von Erziehungsstilen.* Unveröffentlichte Dissertation an der Universität Freiburg.

Erziehungsverhalten:
Jaursch, S. (2003). *Erinnertes und aktuelles Erziehungsverhalten von Müttern und Vätern: Intergenerationale Zusammenhänge und kontextuelle Faktoren.* Unveröffentlichte Dissertation an der Universität Erlangen-Nürnberg.

Literaturempfehlungen:

Eine ausführliche Beschreibung und Begründung des Erziehungsprinzips «Freiheit in Grenzen» mit einer Fülle weiterführender Literaturhinweise findet sich in:

Bundesministerium für Familie, Senioren, Frauen und Jugend (Hrsg.) (2006) *Werteorientierte Erziehung in Deutschland.* Monitor Familienforschung, Ausgabe Nr. 7. Berlin.
Schneewind, K. A. (2002). Freiheit in Grenzen – Wege zu einer wachstumsorientierten Erziehung. In H.-G. Krüsselberg & H. Reichmann (Hrsg.), *Zukunftsperspektive Familie und Wirtschaft. Vom Wert von Familie für Wirtschaft, Staat und Gesellschaft* (S. 213–262). Grafschaft: Vektor-Verlag.
Schneewind, K. A. (2002). «Freiheit in Grenzen» – die zentrale Botschaft zur Stärkung elterlicher Erziehungskompetenz. In H.-G. Krüsselberg & H. Reichmann (Hrsg.), *Zukunftsperspektive Familie und Wirtschaft. Vom Wert von Familie für Wirtschaft, Staat und Gesellschaft* (S. 393–404). Grafschaft: Vektor-Verlag.
Schneewind, K. A. (2003). «Freiheit in Grenzen» – ein Konzept zur Stärkung elterlicher Erziehungskompetenzen. *IKK-Nachrichten 1–2/2003, 9–12.*
Schneewind, K. A. (2007). Erziehung nach dem Prinzip «Freiheit in Grenzen». Ein mediengestütztes Programm zur Stärkung elterlicher Erziehungskompetenzen. *Psychodynamische Psychotherapie, 6,* 183–196.
Schneewind, K. A. (2008). «Freiheit in Grenzen» – Plädoyer für ein integratives Konzept zur Stärkung von Elternkompetenzen. In M. Cierpka (Hrsg.), *Möglichkeiten der Gewaltprävention* (2. Aufl., S. 177–205). Göttingen: Vandenhoeck & Ruprecht.
Wissenschaftlicher Beirat für Familienfragen (2005). *Stärkung familialer Beziehungs- und Erziehungskompetenzen.* Kostenlose Broschüre des Bundesministeriums für Familie, Senioren, Frauen und Jugend. Abrufbar über E-Mail unter publikationen@bundesregierung.de
Wissenschaftlicher Beirat für Familienfragen (2005). *Familiale Erziehungskompetenzen. Beziehungsklima und Erziehungsleistungen in der Familie als Problem und Aufgabe.* Weinheim: Juventa.

Darüber hinaus kann im Internet unter www.freiheit-in-grenzen.org folgender Beitrag herunter geladen werden:

Schneewind, K. A. (2003). *«Freiheit in Grenzen» – Begründung eines integrativen Medienkonzepts zur Stärkung elterlicher Erziehungskompetenzen.* München: Department Psychologie der Universität München.

Adressenpool

Im Folgenden finden Sie in alphabetischer Reihenfolge eine Auswahl an Internet-adressen rund um das Thema Erziehung, Eltern und Kinder. Diese enthalten nützliche Hinweise und Anregungen, u. a. Linksammlungen, Online-Portale, Beratungsangebote sowie eine Reihe weiter führender Informationen für Eltern und Kinder.

Anad e. V.	www.anad-pathways.de
Arbeiterwohlfahrt	www.awo.de
Berliner Landesprogramm jugendnetz-berlin.de der Stiftung Demokratische Jugend	www.jugendnetz-berlin.de
Beziehung? Beratung! Beate Böhmert	www.beziehung-beratung.de
Bundesarbeitsgemeinschaft Familienbildung und Beratung	www.familienbildung.de
Bundesarbeitsgemeinschaft Kinder- und Jugendschutz (BAJ)	www.bag-jugendschutz.de
Bundesarbeitsgemeinschaft Prävention und Prophylaxe e. V.	www.praevention.org
Bundesministerium für Familie, Senioren, Frauen und Jugend	www.bmfsfj.de
Bundesverband Aktion Humane Schule e. V. (AHS)	www.aktion-humane-schule.de/
Bundesverband zur Förderung von Menschen mit Lernbehinderungen e. V.	www.lernen-foerdern.de
Bundeszentrale für gesundheitliche Aufklärung (BZgA)	www.drugcom.de
Bundeszentrale für gesundheitliche Aufklärung (BZgA)	www.loveline.de
Das Online-Familienhandbuch	www.familienhandbuch.de
Deutsche Arbeitsgemeinschaft für Jugend- und Eheberatung e. V.	www.dajeb.de
Deutscher Bildungsserver	www.bildungsserver.de
Deutscher Kinderschutzbund	www.deutscher-kinderschutzbund.de
Deutscher Kinderschutzbund Bundesverband e. V.	www.kinderschutzbund.de

Deutscher Kinderschutzbund e. V.	www.kinderschutzbund.de
Deutsches Familienrechtsforum e. V.	www.welt-des-familienrechts.de
Deutsches Jugendinstitut e. V.	www.dji.de
Deutsches Kinderhilfswerk	www.dkhw.de
Die Kinderschutzzentren	www.kinderschutz-zentren.de
Die Kinderschutz-Zentren e. V.	www.youngavenue.de
Drogen-und-Du.de – ein Internet-Projekt der Senatsverwaltung für Schule, Jugend und Sport, Berlin	www.drogen-und-du.de
Ein Multithematisches Programm für Jugendliche von der Sozial- und Präventivmedizin der Universität Zürich	www.feelok.de
Eltern Service der Arbeiterwohlfahrt	www.elternservice-awo.de
Elternberatung	www.elternberatung.de
Elterntelefon	www.elterntelefon.org
Familie und Gewalt: Menschen würdig erziehen	www.aksb.de/familie-und-gewalt/
«Freiheit in Grenzen» Homepage	www.freiheit-in-grenzen.org
Freizeit aktiv für die ganze Familie	www.fftw.de
Freizeittipps für Eltern und Kinder	www.mamilade.de
Informationen und Tipps bei Lernproblemen	www.lernfoerderung.de
Internet Notruf Deutschland e. V.	www.schuelernotruf.de
Internet-Notruf Deutschland e. V.	www.schülernotruf.de
Jungendberatung und Jugendhilfe e. V.	drogenberatung-jj.de
Jugendnetzwerk Lambda Berlin-Brandenburg e. V.	www.lambda-bb.de
jugendschutz.net	www.jugendschutz.net
Kinder haben Rechte e. V.	www.kinderrechte.de
Kinderportal	www.kinderportal.de
Mädchenhaus Heidelberg e. V.	www.ess-stoerungen.net
Mobbing unter Schülern	www.pasi.rabenspass.de/
Mobbing-Beratung für Kinder und Jugendliche des Jugendinformationszentrums München	www.jiz-muenchen.de/beratung/mobbing-beratung
Mütterzentren Bundesverband e. V.	www.muetterzentren-bv.de
Nachhilfebörse	www.nachhilfe-pilot.de
Onlineauftritt der Zeitschrift Eltern	www.eltern.de
Online-Beratungsangebot für Jugendliche der Bundeskonferenz für Erziehungsberatung e. V.	www.bke-beratung.de
Projekt «Eltern stark machen»	www.eltern-stark-machen.de
ProKids-Online e. V.	www.prokids-online.de
Ratgeber der öffentlichen Kinder- und Jugendhilfe	www.elternimnetz.de

Schau hin! Was Deine Kinder machen	www.schau-hin.info
schuldenfallehandy.de	www.schuldenfallehandy.de
schulpsychologie.de	www.schulpsychologie.de
Stiftung Deutsche Kinder-, Jugend- und Elterntelefone	www.nummergegenkummer.de
Suchmaschine für Eltern	www.elternlink.de
Telefonberatung	www.kinderundjugendtelefon.de
Unicef	www.unicef.de
Verzeichnis der Erziehungs- und Familien- beratungsstellen der Bundeskonferenz für Erziehungsberatung	www.bke.de/ratsuchende.htm

Bitte beachten Sie, dass für die Inhalte der genannten Internetseiten ausschließlich deren Betreiber verantwortlich sind und die Autoren des Elterncoachs trotz sorgfältiger Auswahl und Prüfung keinerlei Haftung übernehmen.

Sachwortregister

Abbildungsverzeichnis

Tabellenverzeichnis

Reflexionsübungsverzeichnis

Selbsttestverzeichnis

Was befindet sich auf der beiliegenden DVD?

Die interaktive DVD für Eltern von Jugendlichen enthält eine Fülle von Film-beispielen, Erläuterungen und Tipps zur Stärkung elterlicher Erziehungskom-petenzen.

Am Beispiel einer ganz «normalen» Familie mit zwei Teenagern – bestehend aus Mutter und Vater Fürstenau, ihrer 15-jährigen Tochter Silvi und ihrem 17-jährigen Sohn Ralph – werden fünf typische Erziehungsszenarien dargestellt. In allen fünf Fällen gibt es eine Ausgangssituation, auf die die Eltern in unter-schiedlicher Weise reagieren. Jeweils drei dieser Möglichkeiten werden gezeigt und dann im Einzelnen erläutert. Abschließend folgt für jede der Lösungsvarian-ten noch ein Fazit, in dem zusammengefasst wird, wie sich die Eltern verhalten und was die Kinder dabei lernen. Insgesamt also einiges an Anregungen zum Thema Erziehung von Jugendlichen.

In diesem Sinne viel Spaß mit der DVD.

Systemvorausetzungen und wie man die DVD startet

Zum Abspielen der DVD benötigen Sie einen normalen DVD-Player mit Fernse-her, bzw. einen Computer mit eingebautem DVD-Player. Nach Einlegen der DVD in den DVD-Player und dem Ablauf des kurzen Vorspanns hilft Ihnen eine ein-fache Menüführung beim individuellen Navigieren durch die Fülle an Filmbeispie-len, Erläuterungen und Tipps zur Stärkung elterlicher Erziehungskompetenzen.

Diese DVD ist dafür programmmiert, auf einem Standard DVD-Player zu funktionieren. Deshalb wird der einwandfreie Ablauf der DVD nur auf einem her-kömmlichen DVD-Player garantiert.